Sammlung

Aufserdeutscher Strafgesetzbücher

in Deutscher Übersetzung.

Herausgegeben von der Redaktion

der

Zeitschrift für die gesamte Strafrechtswissenschaft.

XVIII.

Die Norwegische Strafgesetzgebung des Jahres 1902.

BERLIN 1903.

J. Guttentag, Verlagsbuchhandlung,

G. m. b. H.

Die

Norwegische Strafgesetzgebung

des Jahres 1902.

1. Militärstrafgesetz vom 22. Mai 1902.

2. Gesetz über das gerichtliche Verfahren in Militärstrafsachen vom 22. Mai 1902.

3. Gesetz vom 22. Mai 1902, enthaltend Änderungen im Gesetz über das gerichtliche Verfahren in Strafsachen vom 1. Juli 1887 (samt den seitherigen Änderungen).

Übersetzt

von

Dr. A. Teichmann,

ord. Professor an der Universität Basel.

BERLIN 1903.

J. Guttentag, Verlagsbuchhandlung,

G. m. b. H.

Die Übersetzung ist nach der Beilage der „Stortingstidende“ — **Love vedtagne paa en og femtiende ordentlige storting 1901/1902.** Kristiania, Johannes Bjørnstads bogtrykkeri 1902 — besorgt. Für die das sogen. Jurygesetz betr. Zwischengesetzgebung wurde die sehr sorgfältige Übersetzung von Prof. Dr. E. Brusa (Codice di procedura penale Norvegese, Torino 1900) benutzt.

INHALT.

1. Militärstrafgesetz.

Erster Teil.

Allgemeine Bestimmungen.

Zweiter Teil.

Militärische Verbrechen und Übertretungen.

Dritter Teil.

Kriegsartikel.

Vierter Teil.

Militärdisziplinargewalt.

2. Gesetz über das gerichtliche Verfahren in Militärstrafsachen.

I. Norwegisches Militärstrafgesetz
vom 22. Mai 1902.

Erster Teil.
Allgemeine Bestimmungen.

Einleitung.

§ 1. Der erste Teil des allgemeinen bürgerlichen Strafgesetzes findet Anwendung auf die in diesem Gesetz behandelten strafbaren Handlungen, soweit dieses nichts gegenteiliges bestimmt.

§ 2. Militärische Verbrechen und militärische Übertretungen sind allein die in diesem Gesetz behandelten strafbaren Handlungen. Sie sind Verbrechen, wenn sie Gefängnis über 3 Monate, Haft über 1 Jahr oder Aberkennung öffentlicher Ämter als Hauptstrafe nach sich ziehen können, sonst aber Übertretungen.

§ 3. Der dritte Teil dieses Gesetzes findet nur auf Handlungen Anwendung, die in Kriegszeit verübt werden, worin auch die Zeit einbegriffen ist, von der an die bewaffnete Macht oder ein Teil derselben auf Kriegsfufs gesetzt ist, bis zur Zeit der Setzung auf Friedensfufs.

§ 4. Als Personen des Soldatenstandes gelten nach diesem Gesetz:

1. Festangestellte militärische Beamte vom Anstellungstage bis zum Ende des Dienstverhältnisses;
2. Dienstpflichtige Befehlshaber, Spielleute und Gemeine in der Dienstzeit (vgl. § 5), sowie die in Militärgefängnis gesetzten.
3. Freiwillige, in der bewaffneten Macht diensttuende Militärpersonen vom Anstellungstage bis zum Ende des Dienstverhältnisses;
4. Civilmilitärpersonen in entsprechenden Stellungen, ausgenommen die bei dem Aushebungswesen und bei Militärgerichten angestellten Beamten.

§ 5. Als Dienstzeit gilt für die in § 4 No. 2 genannten Personen die Zeit, während deren sie an militärischen Übungen teilnehmen, in Militärwerkstätten oder Werften Dienst tun oder sonst in der bewaffneten Macht des Staates dienen sollen, einschliefslich der Hinreise zum Orte der Dienstleistung und der Rückreise, jedenfalls mindestens 24 Stunden vor Gestellung und ebensolange nach der Entlassung.

§ 6. Jeder, der berechtigt ist, einen Befehl zu erteilen, dem von einem andern (dem Untergebenen) zu gehorchen ist, ist dessen Vorgesetzter.

Jeder, der einen höheren Grad hat als ein andrer (der Untere), ist dessen Oberer. Haben beide gleichen Grad, so ist der der Anciennität nach älteste der Obere.

§ 7. Unter Militärwache ist in diesem Gesetz jeder Soldat oder jede militärische Abteilung zu verstehen, die Wacht- oder Sicherheitsdienst zu versehen hat.

§ 8. Unter Seezug ist eine auf mindestens 14 Tage berechnete Expedition in fremden Gewässern zu verstehen.

Ein Schiff gilt als auf einer Expedition befindlich von Hissung des Kommandos an Bord bis zur Streichung, aber auf Seezug befindlich von der Zeit, wo es die Ausrüstungsstation verläſst, bis zur Rückkehr an den Stapelplatz.

1. Kapitel.
Wirkungskreis des Gesetzes.

§ 9. Soweit nichts andres ausdrücklich bestimmt ist oder aus dem Zusammenhange sich ergibt, werden nach diesem Gesetze bestraft:

1. alle bei der bewaffneten Macht des Reiches angestellten oder dazu gehörigen Personen, mit Ausnahme der beim Aushebungswesen und den Militärgerichten angestellten Beamten;
2. die auf einem Schiffe Mitfahrenden, wenn dieses auf Seezug ist, doch nur disziplinarisch, wenn das Schiff sich auf einer Expedition befindet;

ferner in Kriegszeit

3. jeder, der in irgend einer Stellung bei der bewaffneten Macht dient oder einer Abteilung derselben folgt;
4. Kriegsgefangene, die unter militärischer Bewachung stehen;
5. jeder, der sich einer Übertretung des § 94 oder auf Kriegsschauplatz eines Verbrechens der §§ 80—86, 91—93, 101—105 und 107 schuldig macht.

§ 10. Bei gemeinsamer Dienstleistung norwegischer Kriegsmacht mit der eines andern mit Norwegen verbündeten Staates sind im Fall der Gegenseitigkeit die von norwegischen Soldaten gegen Soldaten des andern Staates verübten strafbaren Handlungen in gleicher Weise zu strafen, als wären sie gegen norwegische Soldaten begangen.

§ 11. Dieses Gesetz kommt auch auf die im Ausland verübten strafbaren Handlungen zur Anwendung.

2. Kapitel.
Strafen.

§ 12. I. Die nach diesem Gesetz anwendbaren Strafen sind: Todesstrafe — Gefängnis — Haft — Arrest — Geldstrafe und Disziplinarstrafe. — In besondern Fällen wird Aberkennung öffentlicher Ämter verhängt.

II. Mit obigen Strafen können als Zusatzstrafen verbunden werden:

a) Verlust des vom Täter bekleideten öffentlichen Amtes;
b) Verlust des Stimmrechts in öffentlichen Angelegenheiten und der Fähigkeit zur Erlangung eines öffentlichen Amtes auf 10 Jahre;
c) Verlust des Rechtes zur Dienstleistung in der Kriegsmacht des Reiches auf 10 Jahre;
d) Verlust des Rechtes, eine der in § 29 No. 4 des allgemeinen Strafgesetzes genannten Stellungen zu bekleiden, auf bestimmte Zeit bis zu 5 Jahren oder für beständig;
e) Bekanntmachung des Urteils unter entsprechender Anwendung der §§ 173 und 254 des allgemeinen Strafgesetzes, vgl. §§ 40, 41, 59 und 60 dieses Gesetzes;
f) Verweisung aus bestimmten Orten gemäfs § 33 des allgemeinen Strafgesetzes, und
g) Einziehung bestimmter Gegenstände.

§ 13. Die im allgemeinen Strafgesetz und im Gesetz über das Gefängniswesen[1]) gegebenen Vorschriften über Gefängnis, Haft und Geldstrafe kommen, soweit nichts gegenteiliges bestimmt ist, auf die militärischen Gefängnis-, Haft- und Geldstrafen zur Anwendung.

Die über einen Befehlshaber verhängte Gefängnisstrafe kann nicht in geschärftes Gefängnis und die über einen solchen verhängte Haftstrafe nicht in Gefängnis umgewandelt werden.

Haft und in Kriegszeit geschärftes Gefängnis kann, wo dazu Gelegenheit, nach näherer Bestimmung der Militäranwaltschaft in einer Festung, einem Schiff oder andern Militärlokal verbüfst werden.

Bei Geldstrafe kann statt Gefängnis eine bestimmte Anzahl von Tagen Arrestes festgesetzt werden, die an Stelle nicht bezahlter Geldstrafen tritt.

§ 14. Todesstrafe ist nur in Kriegszeit zulässig, jedoch nicht nach Beendigung des Krieges und nicht bei Personen unter 18 Jahren. Eine vor Beendigung des Krieges nicht vollzogene Todesstrafe verwandelt sich in lebenslängliches Gefängnis.

§ 15. Arrest kommt nur auf Militär- und Civilmilitärpersonen, sowie Kriegsgefangene und auf dem Schiff Mitfahrende zur Anwendung, und zwar als Stubenarrest von 1 bis zu 30 Tagen oder als Wachtarrest von 1 bis zu 60 Tagen, jedoch in den im § 27 (vgl. allgemeines Strafgesetz § 62) behandelten Fällen bis zu 45 und 90 Tagen.

Drei Tage Arrest gelten gleich 2 Tagen Haft und 1 Tag Gefängnis.

---

[1]) Vgl. die Übersetzung dieses Gesetzes vom 31. Mai 1900 im „Gerichtssaal" Bd. LX 370—382.

§ 16. Stubenarrest kommt nur zur Anwendung auf Befehlshaber, Eleven von Militärschulen und Civilpersonen. Er wird in der Wohnung oder im Gelafs des Arrestanten verbüfst. Stubenarrestanten dürfen ohne Bewilligung keine Besuche empfangen.

Wachtarrest wird in Militärarrestlokalen, wenn möglich in Einzelhaft verbüfst. Briefwechsel ist dem Arrestanten gestattet. Zu bestimmten Zeiten ist ihm auch Empfang von Besuchen zu gestatten, soweit nicht dienstliche Rücksichten dies hindern.

Wo die Benutzung von Militärarrestlokalen unverhältnismäfsige Beschwerde oder Kosten verursachen würde, kann Arrest im Kreis- oder Hilfsgefängnis verbüfst werden. Ohne seine Zustimmung darf der Arrestant nicht mit einer Person zusammengesetzt werden, die Gefängnis- oder Haftstrafe verbüfst, noch mit Untersuchungsgefangenen.

§ 17. Gefangenen, die Arrest verbüfsen, kann vom zuständigen Befehlshaber Ausführung militärischer Dienstverrichtungen, jedoch keiner andern Arbeit auferlegt werden. Wird der Arrest abgebrochen, so bleibt dies auf die Berechnung der Arrestzeit ohne Einflufs, wenn der Abbruch nicht länger als 12 Stunden dauert.

Stubenarrestanten sorgen selbst für ihren Unterhalt. Gleiches wird in den Grenzen der guten Ordnung auch Wachtarrestanten gestattet.

§ 18. Arrest kann auf Begehren des Verurteilten oder mit seiner Einwilligung bei der Vollstreckung in Haft und, soweit der Schuldige nicht Befehlshaber, in Gefängnis oder geschärftes Gefängnis umgewandelt werden, doch so, dafs letzteres mindestens 2 Tage beträgt.

§ 19. Nähere Vorschriften über Arrest und Behandlung von Arrestgefangenen erläfst der König.

§ 20. I. Verurteilung zum Tode und zu Gefängnis von 1 Jahr oder darüber wegen eines Verbrechens nach diesem Gesetz zieht Verlust eines jeden öffentlichen Amtes, das der Täter bekleidet, nach sich. Mit Gefängnis von kürzerer Dauer sowie mit Haft und Aberkennung öffentlicher Amter ist auch Verlust der öffentlichen Dienststellung zu verbinden, wozu sich der Täter durch die strafbare Handlung ungeeignet oder unwürdig erwiesen hat.

II. Verurteilung zum Tode oder zu Gefängnis von 2 Jahren oder darüber wegen eines Verbrechens nach diesem Gesetz zieht Verlust der in § 12, IIb erwähnten staatsbürgerlichen Rechte nach sich. Mit Verurteilung zu Gefängnis von kürzerer Dauer oder Haft von 3 Jahren oder darüber ist Verlust derselben zu verbinden, soweit der Täter sich durch die strafbare Handlung ihrer unwürdig erwiesen hat.

III. Mit Verurteilung zum Tode und zu Gefängnis oder zu Haft von 3 Jahren oder darüber oder Amtsverlust wegen eines Verbrechens nach diesem Gesetz kann Verlust des Rechtes der Dienstleistung in der Kriegsmacht des Reiches verbunden werden, soweit der Täter durch die strafbare Handlung sich dazu unwürdig erwiesen hat.

Wurde jemand im Ausland einer strafbaren Handlung schuldig erklärt, die nach norwegischem allgemeinen oder Miltärstrafgesetz ihn zum Kriegsdienste unwürdig machen kann, so kann das Militärverhörsgericht auf Antrag der Militäranwaltschaft ihn des Rechtes zur Dienstleistung in der Kriegsmacht des Reiches verlustig erklären.

IV. Mit Verurteilung zum Tode und zu Gefängnis oder Amtsverlust wegen eines Verbrechens nach diesem Gesetz kann Verlust der im allgemeinen Strafgesetz § 29, 4 genannten Stellungen oder einer derselben verbundeu werden, soweit der Täter sich durch die strafbare Handlung des für die Stellung nötigen Vertrauens unwürdig erwiesen hat oder sofern er Pflichten dieser seiner Stellung verletzt hat und Gefahr des Rückfalls vorliegt.

V. § 31 des allgemeinen Strafgesetzes findet entsprechende Anwendung.

§ 21. Unwürdigkeit zur Leistung von Kriegsdienst entfällt mit Wiedereinsetzung des Verurteilten in seine staatsbürgerlichen Rechte. Das Recht zur Dienstleistung kann auch besonders wiedererworben werden gemäfs den §§ 75 und 76 des allgemeinen Strafgesetzes, doch so, dafs das Begehren der Militäranwaltschaft eingereicht und bezüglich von dieser oder durch Erkenntnis des Militäruntersuchungsgerichtes erledigt wird. Rücksichtlich des Verfahrens und Beschwerde dagegen finden solchenfalls die Vorschriften des Gesetzes über Militärgerichtsverfahren Anwendung.

§ 22. Wird jemand, der seiner Wehrpflicht noch nicht völlig genügt hat, zu Dienstverlust verurteilt oder umfafst der Zeitraum, für den er zur Dienstleistung in der Kriegsmacht des Reiches unfähig erklärt wurde, nicht den ganzen Rest der Wehrpflichtdauer, so ist er pflichtig, den Rest seiner Wehrpflicht als Gemeiner abzudienen.

Gleiches gilt auch, falls jemand das Recht zur Dienstleistung wiedererwirbt.

§ 23. Auf Einziehung finden die §§ 34—37 des allgemeinen Strafgesetzes entsprechende Anwendung.

3. Kapitel.
Verschiedene Bestimmungen.

§ 24. Befehl eines Vorgesetzten in Dienstangelegenheiten befreit den Untergebenen von Strafe, aufser wenn er den Befehl überschreitet oder eingesehen hat oder sichtlich einsehen mufste, dafs er durch Ausführung des Befehls zu einer rechtswidrigen Handlung mitwirke. In jedem Fall kann das Gericht die Strafe unter das für die Handlung festgesetzte Strafmafs und in milderer Strafart ansetzen.

§ 25. Auf eine Handlung, die bei drohender Gefahr oder im Notstand, um einem Befehl zu gehorchen, vorgenommen wird, finden die §§ 47, 48 und 56 des allgemeinen Strafgesetzes Anwendung.

§ 26. Furcht vor persönlicher Gefahr schliefst bei Versäumung militärischer Dienstpflicht strafrechtliche Verantwortlichkeit nicht aus und bewirkt keine Strafminderung.

§ 27. Die Bestimmungen der §§ 52—54 des allgemeinen Strafgesetzes können auch bei Verhängung von Arrest in Anwendung gebracht werden. § 62 daselbst findet entsprechende Anwendung, wo eine der strafbaren Handlungen die genannte Strafe nach sich gezogen hätte.

§ 28. Wird eine nach diesem Gesetz strafbare Handlung von mehreren Soldaten gemeinschaftlich verübt, so kann die Strafe, wenn die betreffende Strafbestimmung nicht selbst besondere Rücksicht auf das Verhalten nimmt, innerhalb der Grenzen der betreffenden Strafart bis um die Hälfte erhöht werden.

In gleicher Weise und unter gleicher Voraussetzung kann die Strafe gegenüber einem Vorgesetzten erhöht worden, der vorsätzlich mit einem ihm Untergebenen oder unter seiner Aufsicht Stehenden zusammengewirkt hat.

§ 29. Gegen den, der sich mehrerer vollendeter oder versuchter militärischer Verbrechen einer in § 65 des allgemeinen Strafgesetzes behandelten Art schuldig machte, kann das ihn verurteilende Militärstrafgericht, wenn es das Militärhöchstgericht oder ein Kriegsgericht ist, die dort bestimmten Verhaltungsmafsregeln in Anwendung bringen lassen, soweit der Täter in Anbetracht der Beschaffenheit des Verbrechens, der ihm zugrunde liegenden Triebfeder oder der dadurch geoffenbarten Gesinnung für die Gesellschaft oder Leben, Gesundheit oder Wohlfahrt Einzelner besonders gefährlich erscheint.

§ 30. Rücksichtlich Verjährung gelten für Todesstrafe und Arrest die im 6. Kapitel des allgemeinen Strafgesetzes für lebenslängliches Gefängnis und Haft gegebenen Bestimmungen.

Disziplinarversehen verjähren in 6 Monaten.

§ 31. Ist eine nach diesem Gesetz strafbare Handlung vom Höchstbefehlenden eines abgesonderten Teiles der Kriegsmacht begangen, so beginnt die Verjährung nicht, bevor der Feldzug oder die Expedition beendet ist oder dieser Teil der Kriegsmacht unter das Kommando eines höheren Befehlshabers gekommen ist, der Anklage erheben kann.

§ 32. Verbrechen oder Übertretungen in Druckschriften, deren Verfasser sich nicht genannt oder auf andre Weise als zur bewaffneten Macht gehörig bezeichnet hat, sind nur in den Fällen der §§ 47, 49, 69 und 86 als militärische anzusehen.

§ 33. Alle militärischen Verbrechen und Übertretungen werden von Amts wegen verfolgt.

Zweiter Teil.

Militärische Verbrechen und Übertretungen.

4. Kapitel.

Ungesetzliches Fortbleiben, Fahnenflucht und sonstige Hinterziehung des Kriegsdienstes.

§ 34. Wer rechtswidrig den Ort, an dem er kraft militärischer Pflicht zur Stelle sein soll, verläfst oder von ihm fortbleibt, wird mit Geldstrafe oder mit Arrest bestraft.

Ist er Soldat, so trifft ihn für solches ungesetzliches Fortbleiben Arrest oder Gefängnis bis zu 3 Monaten und bei mehr als siebentägigem Fortbleiben Gefängnis bis zu 2 Jahren, jedoch unter besonders mildernden Umständen Arrest.

Gleiche Strafe trifft den, der rechtswidrig bewirkt oder dazu mitwirkt, dafs ein andrer den Ort, an dem er kraft militärischer Pflicht zur Stelle sein soll, verläfst oder fortbleibt.

§ 35. Wer sich gegen § 34 vergeht, um sich völlig seiner Militärdienstpflicht zu entziehen, wird wegen Fahnenflucht mit Gefängnis von 3 Monaten bis zu 2 Jahren, im Rückfall oder bei Flucht von einem auf einer Expedition befindlichen Schiffe mit Gefängnis von 1 bis zu 3 Jahren bestraft.

Gestellt sich der Flüchtling binnen 7 Tagen freiwillig zur militärischen Dienstleistung, so trifft ihn Gefängnis bis zu 2 Jahren; unter besonders mildernden Umständen kann Arrest verhängt werden.

Gleiche Strafe trifft den, der rechtswidrig bewirkt oder dazu mitwirkt, dafs ein andrer flüchtet.

§ 36. Wer, um sich seinem Militärdienst zu entziehen, durch Verstümmelung oder auf andre Weise sich ganz oder teilweis dazu untauglich macht oder dazu mitwirkt, dafs ein andrer zu solchem Zwecke untauglich zum Kriegsdienst gemacht wird, wird mit Gefängnis bis zu 2 Jahren bestraft.

Gleiche Strafe trifft den, der durch Vorschützen von Krankheit oder Gebrechen sich dem Militärdienste zu entziehen versucht oder dazu mitwirkt.

§ 37. Wer als Stubenarrestant das Arrestlokal verläfst, wo der Arrest verbüfst werden soll, oder ohne Genehmigung Besuche empfängt, wird mit Wachtarrest auf mindestens doppelte Dauer des verhängten Stubenarrestes oder mit Gefängnis bis zu 3 Monaten bestraft.

5. Kapitel.

Verbrechen und Übertretungen rücksichtlich militärischer Unterordnung.

§ 38. Wer unter dienstlichen Verhandlungen und Versammlungen oder nach Einkleidung in Militärdienstkleidung vorsätzlich es unterläfst, einem Vorgesetzten die vorgeschriebenen Zeichen des Respektes zu erweisen, wird mit Arrest bis zu 10 Tagen bestraft.

§ 39. Arrest trifft den, der aus dienstlichem Anlafs oder bei Ausführung militärischer Dienstpflichten gegenüber einem Vorgesetzten Unwillen gegen dessen Befehl kundgibt oder gegen seine Zurechtweisung protestiert oder gegenüber einem Oberen sich respektswidrige Aufführung (§ 38) zu schulden kommen läfst. Geschieht dies mit drohender Haltung oder in Gegenwart der versammelten Truppe oder Schiffsmannschaft oder eines bedeutenden Teiles derselben, so tritt Gefängnis bis zu 6 Monaten ein.

Gleiche Strafe trifft den, der durch Verleitung oder Anreizung dazu mitwirkt, dafs ein andrer sich derart vergeht.

§ 40. Wer sich gegenüber einem Vorgesetzten oder Oberen aus dienstlichem Anlafs oder bei Ausführung militärischer Dienstpflichten einer Beleidigung schuldig macht, wird bestraft

1. im Falle einer Handlung der in § 246 und § 247 Abs. 1 des allgemeinen Strafgesetzes erwähnten Art mit Arrest oder mit Gefängnis bis zu 1 Jahr;
2. im Falle einer Handlung nach § 247 Abs. 2 mit Arrest oder mit Gefängnis bis zu 2 Jahren;
3. im Falle einer Handlung nach § 248 ebenda mit Gefängnis bis zu 3 Jahren, doch unter besonders mildernden Umständen mit Arrest.

§ 41. Wer durch falsche Anklage vor einer Militärbehörde gegen einen Vorgesetzten oder Oberen sich in der im allgemeinen Strafgesetz §§ 168—171 bezeichneten Art vergeht, wird mit der dort bestimmten Strafe belegt, doch an Stelle von Geldstrafe mit Arrest.

Wer sonst gegen besseres Wissen einer Militärbehörde unbefugt eine Beschwerde oder Klage über einen Vorgesetzten oder Oberen aus dienstlichem Anlafs einreicht oder dazu mitwirkt, wird mit Arrest oder Haft oder Gefängnis bis zu 6 Monaten bestraft. Geschieht es nicht wider besseres Wissen, aber doch ohne hinreichenden Grund und erweist sich die Beschwerde oder Klage als völlig unberechtigt, so tritt Arrest ein.

§ 42. Wer sich gegen einen Vorgesetzten oder Oberen aus dienstlichem Anlafs oder bei Ausführung militärischer Dienstpflichten eines Verbrechens gegen die persönliche Freiheit schuldig macht, wird mit der im allgemeinen Strafgesetz bestimmten Strafe bestraft, doch tritt Arrest an Stelle von Geldstrafe und kann die Strafe in den Grenzen der Strafart bis um die Hälfte erhöht werden.

Bei Verübung des Verbrechens in Gegenwart einer versammelten Truppe oder Schiffsmannschaft oder eines bedeutenden Teiles derselben tritt Gefängnis von mindestens 1 Jahr ein.

§ 43. Wer durch Gewalt oder Drohung einen Vorgesetzten oder Oberen zu veranlassen sucht, eine Diensthandlung vorzunehmen oder zu unterlassen oder ihn an einer solchen zu hindern sucht oder wer dazu mitwirkt, wird mit Gefängnis bis zu 6 Jahren bestraft.

Gefängnis bis zu 3 Jahren trifft den, der durch Gewalt oder Drohungen einen andern Soldaten zu hindern sucht, einen ihm von einem Vorgesetzten gegebenen Befehl in Dienstangelegenheiten auszuführen oder der dazu mitwirkt.

§ 44. Wer sich gegen einen Vorgesetzten oder Oberen aus dienstlichem Anlafs oder bei Ausführung militärischer Dienstpflichten eines Verbrechens gegen Leben, Leib und Gesundheit schuldig macht, wird mit der im allgemeinen Strafgesetz bestimmten Strafe bestraft, wobei jedoch Arrest an Stelle von Geldstrafe tritt und die Strafe in den Grenzen ihrer Art bis um die Hälfte erhöht werden kann.

Ist das Verbrechen vorsätzlich und in Gegenwart einer versammelten Truppe oder Schiffsmannschaft oder eines bedeutenden Teiles derselben verübt, so tritt Gefängnis von mindestens 1 Jahr ein.

§ 45. Bestrafung nach §§ 39, 40, 42 und 44 tritt auch ein, soweit die Handlung unter dienstlichen Verhandlungen und Versammlungen gegen den Vorgesetzten oder Oberen des Schuldigen verübt oder der Schuldige in Militärkleidung eingekleidet ist. Für einen Wehrpflichtigen gilt diese Bestimmung von dem Zeitpunkt an, wo er die nötige Unterweisung über seine Pflichten erhalten hat.

§ 46. Wer den schuldigen Gehorsam gegen einen Befehl eines Vorgesetzten in Dienstangelegenheiten zu leisten unterläfst oder rechtswidrig dem Befehl zuwiderhandelt oder ihn überschreitet oder einem Vorgesetzten gegen besseres Wissen eine unwahre Antwort auf eine Frage in Dienstangelegenheiten gibt, wird mit Arrest oder mit Gefängnis bis zu 3 Monaten bestraft.

Verbleibt der Untergebene trotz Wiederholung des Befehls bei seinem Ungehorsam oder gibt er seinem Vorgesetzten durch Wort oder Verhalten ausdrücklich zu erkennen, dafs er seinen Befehl nicht ausführen will, so trifft ihn Gefängnis bis zu 1 Jahr. Geschieht dies in Gegenwart der versammelten Truppe oder Schiffsmannschaft oder eines bedeutenden Teiles derselben, so kann die Strafzeit bis zu 2 Jahren verlängert werden.

Wird die strafbare Handlung unter solchen Umständen verübt, dafs Verlust von Menschenleben oder bedeutender Schaden befürchtet werden mufste, so trifft den Schuldigen Gefängnis bis zu 3 Jahren. Tritt ein solcher Verlust oder Schaden ein, so kann die Strafzeit bis zu 8 Jahren verlängert werden.

Gleiche Strafe trifft den, der einen andern zu solchem Ungehorsam verleitet oder anreizt.

§ 47. Wer Soldaten zum Unwillen gegen den Dienst oder zum Hafs gegen Vorgesetzte oder Obere aufzuwiegeln sucht oder dazu mitwirkt, wird mit Arrest oder mit Gefängnis bis zu 3 Jahren bestraft, wenn aber das Verbrechen durch eine Druckschrift verübt ist, bis zu 4 Jahren.

§ 48. Gab der Vorgesetzte oder Obere durch unziemliches Verhalten Anlafs zu einer der strafbaren Handlungen der §§ 38—47, so kann die Strafe unter das für die Handlung bestimmte Strafmaſs und zu milderer Strafart herabgesetzt werden und, wo sie in Arrest besteht, unter besonders mildernden Umständen selbst ganz entfallen.

Bestand das unziemliche Verhalten des Vorgesetzten oder Oberen in Miſshandlung oder herabwürdigender Behandlung des Schuldigen, ist auf lebenslängliches Gefängnis nicht zu erkennen und darf die Strafe nicht ein Drittel der höchsten Strafe übersteigen, wo diese zeitige Freiheitsstrafe ist.

§ 49. Wer es unternimmt, Soldaten aufzuwiegeln, rechtswidrig in Gemeinschaft

1. gegen einen Vorgesetzten oder Oberen Gewalt zu üben, oder
2. einen solchen zur Vornahme oder Unterlassung einer Diensthandlung zu zwingen, oder
3. einem Befehl des Vorgesetzten in Dienstangelegenheiten den Gehorsam zu verweigern,

oder wer dazu mitwirkt, wird wegen Aufwiegelung mit Gefängnis bis zu 6 Jahren bestraft.

§ 50. Verabreden mehrere Soldaten gemeinschaftliche Begehung solcher Gewalt, Zwanges oder Ungehorsams (§ 49), so werden sie wegen Meuterei mit Gefängnis bis zu 4 Jahren, dagegen mit Gefängnis bis zu 6 Monaten bestraft, wenn sie alle den strafbaren Plan aufgeben, bevor eine Militärbehörde davon Kenntnis erhielt; unter besonders mildernden Umständen kann solchenfalls Bestrafung unterbleiben.

§ 51. Mit Haft oder Gefängnis bis zu 2 Jahren wird der Soldat bestraft, der es unterläſst, durch rechtzeitige Meldung an die zuständige Behörde oder in sonstiger Weise der Meuterei oder einem Verbrechen gegen die §§ 42 oder 44 einer im allgemeinen Strafgesetz §§ 223, Abs. 2, 225, 231, 233 oder 243 erwähnten Art oder dessen Folgen vorzubeugen, trotzdem er zu einer Zeit, wo das Verbrechen oder seine Folgen noch zu hindern waren, zuverlässige Kunde erhielt, daſs es begangen werden solle oder begangen sei.

Doch bleibt er straffrei, wenn es zur Ausführung des Planes oder zu einem strafbaren Versuch nicht kommt oder die Meldung nicht erfolgen konnte, ohne einen seiner Angehörigen der Verfolgung oder Gefahr für Leben, Gesundheit oder Wohlfahrt auszusetzen.

§ 52. Wenn mehrere Soldaten gemeinschaftlich rechtswidrig es unternehmen,

a) gegen einen Vorgesetzten oder Oberen Gewalt zu üben, oder
b) einen solchen zur Vornahme oder Unterlassung einer Diensthandlung zu zwingen, oder
c) dem Befehl eines Vorgesetzten in Dienstangelegenheiten den Gehorsam zu verweigern,

so trifft wegen Aufruhrs Anstifter und Rädelsführer sowie diejenigen, welche Gewalt gegen Vorgesetzte oder Obere üben, Gefängnis von mindestens 3 Jahren und die sonst Mitwirkenden Gefängnis von 6 Monaten bis zu 6 Jahren.

Verursacht der Aufruhr den Tod eines Menschen oder bedeutenden Schaden für das Kriegswesen, oder erfolgt er in Schiffsnot oder mit Gefahr für die Sicherheit eines Schiffes, so kann die Strafe für Anstifter und Rädelsführer zu lebenslänglichem Gefängnis und für die sonst Mitwirkenden zu Gefängnis bis zu 12 Jahren verlängert werden.

§ 53. Für Teilnehmer am Aufruhr, die zum Gehorsam zurückkehren, bevor es zur Verübung von Gewalt oder Zwang gegen den Vorgesetzten oder Oberen gekommen ist, wird die Strafe bis auf 2 Jahre herabgesetzt, sofern sie nicht Anstifter oder Rädelsführer sind, für letztere auf Gefängnis bis zu 5 Jahren, wenn alle Teilnehmer zum Gehorsam zurückkehren, bevor es zur Verübung von Gewalt oder Zwang gekommen ist.

§ 54. Als Rädelsführer bei Aufruhr gelten

1. wer als Anführer von Teilnehmern auftritt;
2. der Aufrührer mit dem höchsten Grad oder der längsten Anciennität;
3. wer den Aufruhr durch Mifsbrauch militärischer Signale fördert;
4. wer ausdrücklich in Wort oder Tat der Aufforderung des Vorgesetzten, ihm persönlich Gehorsam zu leisten, nachzukommen verweigert.

§ 55. Wer sich einer der strafbaren Handlungen der §§ 39—47, 49, 50 oder 52 gegen eine Militärwache unter ihrer Dienstausübung schuldig macht, wird so bestraft, als hätte er die Handlung gegen einen Vorgesetzten begangen.

6. Kapitel.
Gewaltmifsbrauch.

§ 56. Wer unter Mifsbrauch seiner Gewalt oder unter unrechtmäfsiger Anmafsung einer solchen rechtswidrig einen Untergebenen oder Unteren zu einem Tun, Dulden oder Unterlassen zu vermögen sucht, wird mit Arrest oder mit Gefängnis bis zu 2 Jahren bestraft, im Rückfall bis zu 4 Jahren. Sollte eine strafbare Handlung verübt werden, so kann Gefängnis bis zu 6 Jahren verhängt werden.

Wer sich einer andern gegen Reglemente oder Verhaltungsbefehle streitenden Behandlung von Untergebenen oder Unteren schuldig macht, wird mit Arrest oder mit Gefängnis bis zu 3 Monaten bestraft.

§ 57. Wer rechtswidrig einen Untergebenen oder Unteren abzuhalten sucht, ein Gesuch, eine Vorstellung, eine Beschwerde oder Klage zu stellen oder festzuhalten, oder wer bei Empfang einer solchen sich der ihm demgemäfs obliegenden Verpflichtung entzieht, wird mit Arrest oder mit Gefängnis bis zu 2 Jahren bestraft.

§ 58. Wer unberechtigt eine Disziplinargewalt ausübt oder seine Disziplinargewalt überschreitet, wird mit Arrest oder mit Gefängnis bis zu 5 Jahren bestraft.

§ 59. Wer aus dienstlichem Anlafs oder unter Ausführung von Militärdienstpflichten sich gegen einen Untergebenen oder Unteren einer Ehrenkränkung oder Verbrechens gegen Leben, Leib oder Gesundheit schuldig macht, verfällt der im allgemeinen Strafgesetz bestimmten Strafe, doch tritt Arrest an Stelle von Geldstrafe und für die in den §§ 228 Abs. 1, 246 und 247 behandelten Verbrechen Gefängnis bis zu 1 Jahr.

Diese Bestimmung kommt auch zur Anwendung, sofern die Handlung unter dienstlichen Verhandlungen und Versammlungen gegen Untergebene oder Untere des Schuldigen begangen ist oder wo der Schuldige in Militärkleidung eingekleidet ist.

§ 60. Wer sich durch falsche Anschuldigung vor einer Militärbehörde gegen einen Untergebenen oder Unteren in andrer Weise als derjenigen der §§ 168—171 des allgemeinen Strafgesetzes vergeht, wird mit der dort bestimmten Strafe belegt, doch tritt Arrest an Stelle von Geldstrafe.

§ 61. Ein Vorgesetzter oder Obere, der einen im Dienst untergebenen Befehlshaber zu einem in diesem Kapitel behandelten Verbrechen oder einer solchen Uebertretung verleitet oder anreizt oder dabei behilflich ist oder wissentlich ihn so handeln läfst, oder wer seine Stellung dazu mifsbraucht, einen andern Befehlshaber zu solcher Verübung anzureizen oder ihm dabei behilflich zu sein, wird nach den gleichen Strafbestimmungen wie dieser bestraft, doch kann die Strafe in ihren Grenzen bis um die Hälfte erhöht werden.

Die Strafe tritt ein ohne Rücksicht darauf, ob der andre wegen guten Glaubens oder sonstigen Grundes nicht strafbar ist.

§ 62. Eine Militärwache, die eine der strafbaren Handlungen der §§ 56 oder 59 verübt, wird bestraft, als hätte ein Vorgesetzter sie verübt.

Wird die Handlung gegen jemanden verübt, der aufserhalb des Wachtdienstes Vorgesetzter der Wache ist, so kann die Strafe bis um die Hälfte erhöht werden.

7. Kapitel.

Verbrechen und Übertretungen rücksichtlich besonderer Dienstpflichten und militärischer Ordnung.

§ 63. Ein Soldat, der sich gegen die §§ 112 oder 113 des allgemeinen Strafgesetzes vergeht oder dazu mitwirkt, wird danach bestraft, doch tritt Arrest an Stelle von Geldstrafe.

§ 64. Ein Soldat, der aus dienstlichem Anlafs von einem Untergebenen oder Unteren ohne ausdrückliche oder stillschweigende Genehmigung des gemeinsamen Vorgesetzten ein Geschenk oder einen Vorteil annimmt, oder der ein Geschenk oder unberechtigten Vorteil von dem annimmt, dessen Lieferungen an die Kriegsmacht er entgegennimmt oder im letztverflossenen Jahre entgegennahm, wird mit Arrest bestraft, im Rückfall mit Arrest oder Amtsverlust.

§ 65. Wer als Soldat pflichtwidrig die Anzeige strafbarer Hand lungen eines Untergebenen oder die Handhabung seiner Disziplinargewalt unterläſst, wird mit Arrest oder mit Gefängnis bis zu 3 Jahren bestraft, bei Unachtsamkeit mit Arrest oder Haft bis zu 3 Monaten.

§ 66. Wer als Soldat bewirkt oder dazu mitwirkt, daſs ein unter Militäraufsicht stehender Gefangener entweicht, oder es unterläſst, eine ihm zufolge Dienstpflicht oder speziellem Befehl obliegende Verhaftung vorzunehmen, wird mit Haft oder Gefängnis bis zu 5 Jahren bestraft, bei Unachtsamkeit mit Arrest oder mit Haft bis zu 6 Monaten.

§ 67. Wer unrichtige dienstliche Zeugnisse, Mitteilungen oder Erklärungen abgibt oder dazu mitwirkt, wird mit Arrest oder mit Gefängnis bis zu 3 Jahren bestraft.

Ist der Fehler unwesentlich und keine Schädigung bezweckt oder eingetreten, kann Geldstrafe verhängt und bei besonders mildernden Umständen von Bestrafung ganz abgesehen werden.

§ 68. Wer bewirkt oder dazu mitwirkt, daſs in einem Dienstprotokoll eine unwahre Tatsache aufgenommen oder die Wahrheit verdunkelt wird, oder daſs bei Ausfertigung eines Protokollauszuges, eines Telegramms oder einer telephonischen Mitteilung oder sonstigen dienstlichen Erklärung, die abgegeben wird, um als Beweis zu dienen, unwahres vermerkt oder bezeugt oder die Wahrheit verdunkelt wird, wird mit Amtsverlust oder mit Gefängnis bis zu 3 Jahren bestraft, dagegen bis zu 6 Jahren, wenn der Täter in der Absicht handelte, sich oder einem andern einen unrechtmäſsigen Gewinn zu verschaffen oder jemandem zu schaden.

§ 69. Wer ohne triftigen Grund offenbart, was ihm bei militärischem Dienste anvertraut wurde oder nach Gesetz oder andrer giltiger Bestimmung als Dienstgeheimnis bezeichnet ist, oder aber dazu mitwirkt, wird mit Arrest oder Amtsverlust oder mit Gefängnis bis zu 5 Jahren bestraft, dagegen mit Gefängnis nicht unter 1 Jahr, wenn das Geheimnis einem andern Staat verraten oder bedeutender Schaden angerichtet ist.

Diese Bestimmung ist auch auf den anwendbar, der nach Austritt aus dem Dienste derart verrät, was er während desselben erfahren hat.

§ 70. Wer ungesetzlich einen ihm in Dienstsachen anvertrauten Brief öffnet oder einem andern die Öffnung gestattet oder aber dazu mitwirkt, wird mit Amtsverlust oder mit Gefängnis bis zu 3 Jahren bestraft, bei Verübung eines Verbrechens dagegen, um sich oder einem andern einen unrechtmäſsigen Gewinn zu verschaffen, bis zu 6 Jahren.

§ 71. Wer als Soldat beim Wachtdienst oder als Befehlshaber einer Militärwache oder auf einem Fahrzeug oder sonstigen Abteilung, die zu derartigem Dienste beordert ist, vorsätzlich oder fahrlässig die ihm bei diesem Dienste obliegenden Pflichten zu erfüllen versäumt oder sich unfähig zu ihrer Erfüllung macht, wird mit Arrest oder mit Gefängnis bis zu 1 Jahr bestraft.

Trat hierbei bedeutender Schaden ein, oder wurde dadurch ein Schiff gefährdet, so kann Gefängnis bis zu 3 Jahren verhängt werden und bis zu 10 Jahren, wenn dies bei Schiffsnot geschah.

§ 72. Mit Arrest oder mit Gefängnis bis zu 3 Monaten wird bestraft, wer sich bei Ausführung militärischer Dienstpflichten betrunken zeigt, oder wo ihm, wie er weifs, solcher Dienst bevorsteht, oder unter dienstlichen Verhandlungen und Versammlungen, oder wo er in Militärkleidung eingekleidet ist.

§ 73. Wer als Soldat bei Ausführung militärischer Dienstpflichten oder unter dienstlichen Verhandlungen und Versammlungen roh und ungebührlich sich ausspricht, wird mit Arrest, im Rückfall mit Arrest oder mit Gefängnis bis zu 3 Monaten bestraft.

§ 74. Wer als Soldat einen andern Soldaten zum Zweikampf herausfordert oder eine Herausforderung annimmt oder sich dabei beteiligt oder zum Zweikampf mitwirkt, wird mit Arrest oder Amtsverlust oder mit Haft bis zu 1 Jahr bestraft. § 48 Abs. 1 findet entsprechende Anwendung.

§ 75. Ein Soldat, der durch unvorsichtige Handhabung militärischer Waffen oder Munition jemanden körperlich verletzt, wird mit Arrest oder mit Gefängnis bis zu 3 Jahren, wenn jemand dadurch getötet wurde, bis zu 6 Jahren bestraft.

§ 76. Mifsbraucht ein Befehlshaber seine Stellung dazu, bei Vollziehung oder Unterlassung einer dienstlichen Handlung jemanden an seinen Rechten zu kränken, so trifft ihn wie den zu diesem Mifsbrauch mitwirkenden Befehlshaber Arrest oder Amtsverlust oder Gefängnis bis zu 1 Jahr.

Handelte er, um sich oder einem andern einen unrechtmäfsigen Gewinn zu verschaffen, oder wurde dadurch bedeutender Schaden oder vorsätzliche Rechtskränkung verursacht, so kann Gefängnis bis zu 5 Jahren eintreten.

§ 77. Unterläfst ein Soldat die Ausführung einer Dienstpflicht oder übertritt er sonstwie seine Dienstpflichten, so trifft ihn Arrest oder Gefängnis bis zu 6 Monaten, oder, wenn er Befehlshaber ist, Arrest oder Amtsverlust oder Gefängnis bis zu 2 Jahren.

Bei bedeutendem Schaden kann Gefängnis bis zu 2 Jahren und gegenüber einem Befehlshaber bis zu 4 Jahren verhängt werden. Wurde jemand getötet, so kann Gefängnis bis zu 6 Jahren eintreten.

Gleiche Strafe trifft den, der einen andern zur Unterlassung oder Übertretung seiner Dienstpflicht verleitet oder anreizt.

§ 78. Wer als Befehlshaber bei Ausführung seiner Dienstpflichten sich nachlässig oder unachtsam erweist, wird mit Arrest oder Amtsverlust oder mit Haft bis zu 6 Monaten bestraft.

Gleiche Strafe trifft den Befehlshaber, der groben Unverstand im Dienste an den Tag legt oder eine ihm kraft seiner Stellung verbotene Handlung vornimmt.

Zieht seine Nachlässigkeit, Unachtsamkeit oder sein Unverstand bedeutenden Schaden nach sich, so kann Haft oder Gefängnis bis zu 2 Jahren, und bei Verursachung des Todes einer Person bis zu 6 Jahren verhängt werden.

§ 79. Amtsverlust trifft den Befehlshaber, der durch Trunksucht oder sonstiges Verhalten im Dienst oder aufser des Dienstes sich des für seine Stellung nötigen Vertrauens oder der erforderlichen Achtung unwürdig macht.

Dritter Teil.
Kriegsartikel.

8. Kapitel.
Kriegsverrat und Gefährdung der Kriegsmacht.

§ 80. Kriegsverrat begeht, wer in der Absicht, dem Feinde zu nützen oder die Kriegsmacht Norwegens oder eines mit Norwegen verbündeten Staates zu schädigen:

1. norwegische oder verbündete Truppen oder Soldaten in feindliche Gewalt zu bringen sucht;
2. Befestigungen, besetzte Plätze, Pässe oder sonstige Verteidigungsposten, Minenanlagen, Signalstationen, Häfen, Kriegsschiffe, Fahrzeuge, Militärwerften oder Werkstätten, Zeughäuser, Magazine oder Waffen- und Munitionsvorräte, Kriegskassen oder andere Kriegsbedürfnisse, Eisenbahnen, Wege, Brücken, Telegraphen, Telephone oder ähnliche Beförderungs- oder Mitteilungsmittel oder aber Wasserleitungen oder Dämme in feindliche Gewalt zu bringen sucht oder zerstört oder unbrauchbar macht;
3. norwegische oder verbündete Soldaten zum Feinde überzugehen verleitet oder zu Meuterei oder andrer Treulosigkeit anreizt;
4. den Feind von der Lage, Stellung, Stärke, Verproviantierung oder vom Operationsplan der Kriegsmacht unterrichtet;
5. dem Feinde Zeichnungen, Karten oder andere Aufklärungen betreffend Festungen, Minenanlagen, Signalstationen, Telegraphen- oder Telephonleitungen, Wachtposten, feste Stellungen, Wege, Häfen oder die Fahrstrafse mitteilt;
6. dem Feinde einen Spion verschafft oder einen feindlichen Spion verbirgt, beköstigt oder sonstwie unterstützt;
7. Parole, Losung, Feldgeschrei, Signal oder ein andres geheimes Zeichen verrät oder dem Feinde das Signalbuch oder einen Auszug daraus mitteilt;
8. falschen Bericht oder dienstliche Mitteilung macht oder es unterläfst, sie richtig zu erstatten;
9. in der Eigenschaft als Wegweiser oder Landeskundiger norwegische oder verbündete Truppen oder Schiffe auf Ab-

wege führt oder dem Feinde Wegweiser, Lotsen oder Landeskundige verschafft oder als solcher dient;

10. in der Nähe des Feindes zur Flucht auffordert oder irreführende oder beunruhigende Signale oder Zeichen gibt;
11. einen dienstlichen Befehl auszuführen oder richtig auszuführen unterläfst;
12. unter dem Kriegsvolk feindliche Aufrufe verbreitet;
13. für die Verwendung des Kriegsvolks gegen den Feind oder für dessen Sicherheit oder Verpflegung pflichtmäfsig zu sorgen unterläfst;
14. feindliche Kriegsgefangene freiläfst.

Kriegsverrat wird mit Gefängnis von 10 Jahren bis auf Lebenszeit oder mit dem Tode bestraft.

Gleiche Strafe trifft den hierzu Mitwirkenden sowie Soldaten, die zum Feinde überlaufen.

§ 81. Wer eines der im allgemeinen Strafgesetz §§ 83—86, 87 No. 1 und 2, 89—91, 93 oder 94 erwähnten Verbrechen begeht, wird gleichfalls wegen Kriegsverrats mit den dort bestimmten Strafen bestraft, erhöht in den Grenzen der betreffenden Strafart bis um die Hälfte.

Die in diesem Paragraphen, vgl. allgemeines Strafgesetz § 94, auf Eingehen einer kriegsverräterischen Verbindung festgesetzte höchste Strafe wird bis zur Hälfte herabgesetzt, wenn alle Teilnehmer aus eigenem freien Willen den strafbaren Plan aufgeben, bevor etwas verübt ist, womit der Beginn der Ausführung beabsichtigt ist und bevor eine Militärbehörde davon Kenntnis erhielt.

§ 82. Mit Haft oder Gefängnis bis zu 4 Jahren wird bestraft, wer das Entweichen eines feindlichen Kriegsgefangenen bewirkt oder wer dazu mitwirkt.

§ 83. Wer durch Versäumnis seiner Dienstpflicht oder durch andres pflichtwidriges Verhalten bewirkt oder dazu mitwirkt, dafs die Unternehmungen des Feindes begünstigt oder die norwegische beziehungsweise verbündete Kriegsmacht der Gefährdung oder Schädigung ausgesetzt wird oder deren Unternehmungen mifsglücken, wird mit Gefängnis bis zu 10 Jahren, bei Fahrlässigkeit bis zu 5 Jahren bestraft.

§ 84. Wer durch Vernichtung, Entfernung oder Beschädigung eines der Gegenstände des § 80 No. 2, durch Geben oder Anbringen eines falschen oder irreführenden Zeichens, durch Anbringen eines Hemmnisses im Schiffsfahrwasser oder Störung des sicheren Betriebes von Eisenbahnen oder ähnlicher Beförderungsmittel rechtswidrig bewirkt oder dazu mitwirkt, dafs die Unternehmungen des Feindes begünstigt werden oder die norwegische beziehungsweise verbündete Kriegsmacht einer Gefährdung oder Schädigung ausgesetzt wird oder dafs ihre Unternehmungen mifsglücken, wird mit Gefängnis bis zu 10 Jahren bestraft, bis zu 5 Jahren, wenn der Täter, ohne auf die Gefahr aufmerksam zu sein oder fahrlässig handelte.

§ 85. Wer ohne Erlaubnis des Höchstbefehlenden oder eines sonstigen Befehlshabers, der zur Erteilung einer solchen Erlaubnis ermächtigt ist, mit einem Angehörigen der feindlichen Kriegsmacht oder einem auf feindlichem Gebiete Befindlichen Verkehr oder Briefwechsel hat oder aber dazu mitwirkt, wird mit Arrest oder mit Gefängnis bis zu 3 Jahren bestraft.

§ 86. Wer Nachrichten verbreitet, die geeignet sind, den Mut der Kriegsmannschaft herabzustimmen oder ohne Erlaubnis Nachrichten über die Stellung, Stärke oder Operationspläne der Kriegsmacht verbreitet oder aber dazu mitwirkt, wird mit Gefängnis bis zu 3 Jahren und, wenn das Verbrechen in einer Druckschrift verübt wurde, bis zu 4 Jahren bestraft.

§ 87. Mit Gefängnis von 5 Jahren bis auf Lebenszeit oder mit dem Tode wird bestraft:

1. der Höchstbefehlende einer Festung oder eines befestigten Platzes, der, ohne alle Mittel zur Verteidigung erschöpft zu haben, die Festung oder den Platz dem Feinde übergibt;
2. der Befehlshaber, der in offenem Felde sich mit seiner Mannschaft dem Feinde ergibt, trotzdem noch für ihn Aussicht bestand, dafs er sich durchschlagen oder Entsatz erhalten könne, oder ohne Erschöpfung aller Verteidigungsmittel den ihm anvertrauten Posten verläfst;
3. der Höchstbefehlende der Flotte oder eines Kriegsschiffs, der ohne Erschöpfung aller Verteidigungsmittel sich dem Feinde ergibt oder es unterläfst, seine Flotte oder sein Schiff in Sicherheit zu bringen.

§ 88. Soldaten, die während des Gefechts die Flucht ergreifen und durch Wort oder Zeichen ihre Waffengenossen zur Flucht zu verleiten suchen, werden mit Gefängnis von 5 Jahren bis auf Lebenszeit oder mit dem Tode bestraft.

§ 89. Soldaten, die während des Gefechts oder bei dessen Bevorstehen die Flucht ergreifen, heimlich von ihrer Truppe zurückbleiben, sich fortschleichen, sich verborgen halten, Waffen oder Munition wegwerfen oder sich ohne Leistung gehörigen Widerstandes gefangen nehmen lassen oder dadurch, dafs sie sich vorsätzlich selbst oder durch andre eine Krankheit oder Körperschädigung zuziehen oder sich vorsätzlich trunken machen oder unter der unwahren Angabe, krank oder verwundet zu sein, sich einem mit Gefahr für ihre Person verbundenen Dienste entziehen, werden mit Gefängnis bestraft.

Bei späteren hervorragenden Beweisen von Tapferkeit und Aufopferung kann die Strafe auf Arrest herabgesetzt oder ganz fallen gelassen werden.

§ 90. Gefängnis von 10 Jahren bis auf Lebenszeit oder Todesstrafe trifft den Kriegsgefangenen, der unter Bruch des gegebenen Ehrenwortes entflieht oder vor Beendigung des Krieges die Bedingungen bricht, auf die hin er freigelassen ist.

§ 91. Wer dem Feinde als Spion dient, wird mit Gefängnis bis auf Lebenszeit oder mit dem Tode bestraft. Ist er feindlicher Soldat oder Untertan, so kann er nur für Spionieren, bei dem er ergriffen wird, nicht für frühere Handlungen gleicher Art bestraft werden.

Als Spion gilt nur derjenige, der heimlich oder unter falscher Angabe Aufklärungen über das Operationsgebiet der Kriegsmacht oder einen der in § 80 No. 2 genannten militärischen Orte zum Zwecke der Meldung an den Feind sammelt oder zu sammeln versucht.

§ 92. Feindliche Parlementäre und deren Begleiter, die ihre Stellung zu Spionage oder Anstiftung zu Flucht, Meuterei oder verräterischem Anschlag mifsbrauchen, trifft Gefängnis auf Lebenszeit oder Todesstrafe.

Gleiche Strafe trifft feindliche Soldaten, die behufs militärischer Vorteile die in der Genfer Konvention oder in einer ähnlichen Übereinkunft oder Vereinigung zum Schutze von Hospitälern, Kranken und Verwundeten festgesetzten Bestimmungen und Zeichen mifsbrauchen.

§ 93. Wer es unterläfst, durch rechtzeitige Anmeldung bei der zuständigen Obrigkeit oder sonstwie der Verübung oder den Folgen von Kriegsverrat, Spionage oder Verbindung zur Flucht vorzubeugen, trotzdem er zu einer Zeit, da dem Verbrechen oder dessen Folgen vorzubeugen möglich war, zuverlässige Kunde über Planung oder Verübung desselben hatte, wird mit Haft oder Gefängnis bis zu 4 Jahren bestraft.

Kommt es nicht zur Ausführung oder zu strafbarem Versuch des Verbrechens oder konnte es nicht gehindert werden, ohne einen seiner Angehörigen der Verfolgung auszusetzen, so bleibt er straffrei.

§ 94. Wer vorsätzlich der ihm gesetzlich obliegenden Verpflichtung bezüglich militärischer Requisitionen nachzukommen unterläfst oder sich der Hergabe oder Übergabe requirierter Gegenstände widersetzt oder sie vernichtet, beschädigt oder verbirgt, wird mit Geldstrafe oder mit Haft bis zu 6 Monaten bestraft, mit Haft oder Gefängnis bis zu 3 Jahren, wenn dadurch die Kriegsmacht gefährdet oder geschädigt wird.

9. Kapitel.

Änderung von Bestimmungen im 2. Teil.

§ 95. Wegen ungesetzlichen Fortbleibens (§ 34) kann der Schuldige mit Gefängnis bis zu 4 Jahren bestraft werden.

§ 96. Wegen Flucht (§ 35) und des Verbrechens des § 36 tritt Gefängnis von 1 bis zu 8 Jahren ein.

Wenn mehrere vereint die Flucht verabredeten und ausführten, trifft Anstifter und Rädelsführer Gefängnis von 8 Jahren bis auf Lebenszeit oder Todesstrafe, sonstige Teilnehmer Gefängnis von 3 bis zu 12 Jahren.

§ 97. Wer sich nacherwähnter Verbrechen schuldig macht, kann bestraft werden

1. wegen Verbrechen nach §§ 42 und 44 mit lebenslänglichem Gefängnis oder, wo sonst das Verbrechen diese Strafe nach sich gezogen hätte, mit dem Tode;
2. wegen Verbrechens nach § 43 mit Gefängnis bis zu 12 Jahren;
3. wegen Verbrechens nach § 46 Abs. 1 mit Gefängnis bis zu 1 Jahr und wegen eines solchen des Abs. 2 bis zu 12 Jahren;
4. wegen Verbrechens nach § 47 mit Gefängnis bis zu 5 Jahren;
5. wegen Verbrechens nach den §§ 49 und 50 mit Gefängnis bis zu 15 Jahren;
6. wegen Verbrechens nach § 51 mit Haft oder Gefängnis bis zu 4 Jahren;
7. wegen Verbrechens nach § 52: Anstifter und Rädelsführer sowie Teilnehmer, die gegen den Vorgesetzten oder Oberen Gewalt üben, mit Gefängnis bis auf Lebenszeit oder mit Todesstrafe und die sonstigen Beteiligten mit Gefängnis bis auf Lebenszeit.

§ 98. Die Strafe für eine gegen Verhaltungsbefehle oder Reglemente streitende Behandlung Untergebener oder Unterer (§ 56) kann auf Gefängnis bis zu 3 Jahren geschärft werden.

§ 99. Die Strafe für Versäumnis von Wachtpflichten nach § 71 kann auf Gefängnis bis zu 2 Jahren geschärft werden, bis zu 10 Jahren, wenn die Kriegsmacht gefährdet wurde und auf Gefängnis bis auf Lebenszeit, wenn die Kriegsmacht bedeutend geschädigt wurde.

Die Strafe für Verbrechen gegen § 77 Abs. 1 kann auf Gefängnis bis zu 2 Jahren, für Befehlshaber bis zu 4 Jahren geschärft werden.

Die Strafe für Verbrechen gegen § 77 No. 2 kann auf Gefängnis bis zu 4 Jahren, für Befehlshaber bis zu 8 Jahren geschärft werden.

Die Strafe für Verbrechen gegen § 78 kann auf Haft oder Gefängnis bis zu 2 Jahren und bei eingetretenem bedeutenden Schaden bis zu 4 Jahren geschärft werden.

Trat in den Fällen der §§ 77 oder 78 der Tod einer Person ein, so kann die Strafe auf Gefängnis bis zu 8 Jahren geschärft werden.

10. Kapitel.

Plünderung und andere Verbrechen gegen Personen und Vermögen.

§ 100. Gefängnis bis zu 6 Jahren trifft den Soldaten, der in der Absicht, sich oder einem andern einen unrechtmäſsigen Gewinn zu verschaffen

1. Kriegsschatzung oder Zwangsmaſsregeln ausschreibt oder
2. rechtmäſsige Requisitionen erhöht oder
3. Empfangsbescheinigung für weggenommenes oder requiriertes Eigentum auszustellen sich weigert,

oder wer dazu mitwirkt.

§ 101. Mit Gefängnis bis zu 6 Jahren wird bestraft, wer eines der Verbrechen der §§ 255, 257 oder 266 des allgemeinen Strafgesetzes begeht

1. unter Benützung der Kriegsfurcht oder militärischer Überlegenheit oder
2. gegen einen im Krieg Gefallenen oder gegen einen Kranken oder Verwundeten auf dem Kampfplatz, auf dem Marsch, beim Transport oder im Lazarett oder gegen einen seiner Bewachung anvertrauten Kriegsgefangenen.

Bei gemeinschaftlicher Verübung des Verbrechens seitens mehrerer zufolge Abrede trifft Anstifter und Rädelsführer Gefängnis von 10 Jahren bis auf Lebenszeit oder Todesstrafe und die sonstigen Beteiligten Gefängnis von 4 bis zu 10 Jahren.

§ 102. Mit Gefängnis von 3 Jahren bis auf Lebenszeit oder mit dem Tode wird bestraft, wer ein in § 267 des allgemeinen Strafgesetzes behandeltes Verbrechen begeht

1. unter Benutzung der Kriegsfurcht oder militärischer Überlegenheit;
2. gegen einen Kranken oder Verwundeten auf dem Marsche, beim Transport oder im Lazarett oder gegen einen seiner Bewachung anvertrauten Kriegsgefangenen;
3. auf dem Kriegsschauplatze.

§ 103. Wer ohne Not fremdes Eigentum vernichtet oder beschädigt oder dazu mitwirkt, wird mit Gefängnis bis zu 6 Jahren bestraft, jedoch bis auf Lebenszeit, wenn dies durch Brandlegung, Einsturz, Sprengung, Überschwemmung, Seeschaden oder Eisenbahnunfall geschieht.

§ 104. Wer eine nach dem allgemeinen Strafgesetz Kapitel 24 oder 25 oder §§ 275, 291, 292, 293, 318 und 393 strafbare Handlung rücksichtlich eines zu kriegerischen Zwecken dienenden Gegenstandes begeht, wird mit der dort bestimmten Strafe bestraft, doch so, daſs Arrest an Stelle von Geldstrafe tritt und die Strafe in den Grenzen der Strafart bis um die Hälfte erhöht werden kann.

§ 105. Wer eine im § 104 erwähnte strafbare Handlung an der Kriegsbeute begeht, wird nach allgemeinem Strafgesetz bestraft, doch tritt Arrest an Stelle von Geldstrafe.

§ 106. Wer als Soldat eigenmächtig Kriegsbeute zu machen sucht oder dazu mitwirkt, wird mit Gefängnis bis zu 1 Jahr bestraft.

§ 107. Mit Gefängnis wird bestraft, wer

1. gegen den Feind Gift oder solche Kriegsgeräte verwendet, die durch eine von Norwegen angenommene internationale Übereinkunft verboten sind oder
2. einen Feind tötet, der sich ergibt oder zum Widerstande unfähig gemacht oder zum Tode verwundet ist

oder aber zu solcher Handlung mitwirkt.

Im Fall der No. 2 kann auf lebenslängliches Gefängnis erkannt werden.

Vierter Teil.

Militärdisziplinargewalt.

11. Kapitel.

Disziplinarübertretungen.

§ 108. Versäumnis militärischer Dienstpflichten und Übertretungen gegen militärische Zucht und Ordnung, die nicht nach dem zweiten und dritten Teil dieses Gesetzes strafbar sind, können disziplinarisch mit Strafe belegt werden.

Gleiches gilt bei Übertretungen der §§ 34, 38, 39, 46 Abs. 1, 67 Abs. 2, 71 Abs. 1, 72, 73, 77 Abs. 1 und 78, Abs. 1 und 2, sofern eine der in § 110 erwähnten Strafen als ausreichend erachtet wird. Strafschärfung in Kriegszeit kommt hier nicht in Betracht.

In den Fällen des Abs. 2 kann der Beschuldigte binnen 24 Stunden durch seinen Vorgesetzten gerichtliche Entscheidung verlangen, wenn Geldstrafe von mehr als 5 Kronen oder Arrest über 3 Tage auferlegt ist. Das Verlangen kann schriftlich oder mündlich gestellt werden. Ein mündliches wird sofort vom Vorgesetzten aufgezeichnet und von diesem zur Beurkundung mitunterzeichnet.

§ 109. Übertretungen, die nach Teil 2 oder 3 dieses Gesetzes strafbar sind, können im Wege des Strafbefehls (§ 112) auf Antrag erledigt werden.

Gleiches gilt bei Verbrechen gegen §§ 34, 35 Abs. 2, 39, 41 Abs. 2, 46 No. 2, 64, 71 Abs. 1, 77 Abs. 1, 78 Abs. 1 und 2, wenn eine der Strafen des § 112 als ausreichend erachtet wird.

Strafschärfung in Kriegszeit kommt hier nicht in Betracht.

§ 110. Als Strafen sind allein zulässig:

1. Verweis in 2 Graden:
   a) als einfacher Verweis in geschlossenem Raum oder in dienstlichem Schreiben oder
   b) als strenger Verweis in Gegenwart mehrerer Soldaten oder durch Verlesung des Tagesbefehls.

   Verweis ist in schicklicher und würdiger Form zu erteilen. Eine allgemeine Zurechtweisung ist nicht als Verweis zu betrachten.
2. Antreten aufser der gewöhnlichen Zeit (Parade) in der Regel im Paradeanzug, nach Umständen mit vollem Gepäck, zu Fufs oder zu Pferd. Diese Strafe darf für dieselbe Übertretung nur bis zu 3 Tagen hintereinander und 1 mal täglich verhängt werden.
3. Strafdienst, bestehend in Arbeit aufser der Tour, wie Reinigung, Putzen oder andre vorfallende Dienstverrichtungen in Kasernen, Schiffen, Montierungskammer, Rüstkammer, Stall oder Lager.
4. Strafexerzieren, bestehend in Übungen aufser der gewöhnlichen Übungszeiten bis auf 7 Tage 1—2 Stunden täglich.

5. Strafwache, bestehend in Wache aufser der Tour, im Heere jedoch mit mindestens dreinächtiger Unterbrechung dazwischen.
6. Freiheitsbeschränkung, bestehend in dem Verbot, zu gewissen Stunden des Tages oder während Tag und Nacht bis auf 21 Tage das Quartier, die Kaserne, das Lager oder sonst näher bezeichnete Gebiete zu verlassen. Diese Disziplinarstrafe darf nicht eher wiederholt werden, bevor die doppelte Frist der verhängten Freiheitsbeschränkung verflossen.
7. Verweigerung des gewöhnlichen Urlaubs für eine Frist bis zu 1 Monat oder Landurlaubs für einen Zeitraum bis zu 3 Monaten oder für gewisse Landreisen; wurde jemandem Urlaub oder Landurlaub im höchsten zulässigen Mafse verweigert, so ist vor Ablauf der doppelten Frist diese Mafsregel nicht wieder anwendbar.
8. Geldstrafe bis zu 20 Kronen;
9. Arrest bis zu 10 Tagen.

§ 111. Wird die Geldstrafe nicht bezahlt oder kann sie nicht eingetrieben werden (vgl. allgemeines Strafgesetz § 28 Abs. 2), so tritt
1 tägiger Arrest an Stelle einer Geldstrafe von 1 bis zu 4 Kronen,
2 tägiger Arrest an Stelle einer Geldstrafe von 5 bis zu 10 Kronen,
3 tägiger Arrest an Stelle einer Geldstrafe von 11 bis zu 20 Kronen.

§ 112. Durch Strafbefehl kann nur verhängt werden:
1. Arrest bis zu 30 Tagen,
2. Geldstrafe,
3. Verweigerung von Landurlaub für eine Frist bis zu 6 Monaten,
4. Einziehung.

Wird im Strafbefehl Geldstrafe auferlegt, so ist darin eine Arreststrafe von 1 bis zu 30 Tagen festzusetzen, die eintritt, sofern die Geldstrafe nicht in gesetzlicher Weise erlegt wird.

§ 113. Gegen Gemeine sind sämtliche Disziplinarstrafen zulässig, gegen Befehlshaber alle aufser den in § 110 No. 2—3 genannten, gegen Nichtsoldaten und gegen Offiziere nur Arrest, Geldstrafe, Einziehung und Verweis.

§ 114. Für dieselbe Übertretung darf nur eine Strafe und nur eine Art der Disziplinarstrafe verhängt werden.

12. Kapitel.

Beamte der Disziplinargewalt und ihre Zuständigkeit.

§ 115. Die Befugnis zur Auferlegung von Disziplinarstrafen steht gegen Untergebene zu:
1. den Generaljurisdiktionschefs, Jurisdiktionschefs, Generälen und Admiralen gegenüber ihnen untergebenen Offizieren des

Stabes oder höheren Grades für Stubenarrest oder Geldstrafe, gegenüber ihren sonstigen Untergebenen für alle nach § 113 gegen sie anwendbaren Disziplinarstrafen;

2. andern Offizieren, die a) allgemein oder für den Fall als Kompagniechefs funktionieren oder dementsprechendes oder höheres Kommando führen oder b) eine militärische Befestigung, Anstalt oder Schiff befehligen oder c) eine entsprechende selbständige Stellung in der Militärverwaltung innehaben.

Sind sie Stabsoffiziere, so können sie über die ihnen Untergebenen verhängen:

gegen Stabsoffiziere Stubenarrest bis zu 2 Tagen oder Geldstrafe;

gegen Kapitäne und Lieutenants Arrest bis zu 4 Tagen oder Geldstrafe;

gegen Unterbefehlshaber Arrest bis zu 6 Tagen oder die sonstigen gegen diese zulässigen Disziplinarstrafen;

gegen Gemeine Arrest bis zu acht Tagen und alle sonstigen Disziplinarstrafen.

Sind sie Kapitäne oder Lieutenants, so können sie über die ihnen Untergebenen verhängen:

gegen Offiziere Arrest bis zu 2 Tagen oder Geldstrafe;

gegen Unterbefehlshaber Arrest bis zu 4 Tagen, Geldstrafe, Strafwache, Freiheitsbeschränkung bis zu 14 Tagen oder Verweigerung von Urlaub oder Landurlaub und

gegen Gemeine Arrest bis zu 6 Tagen und alle sonstigen Disziplinarstrafen.

3. andern Befehlshabern mit Kommando über besondere Abteilungen, die auf Grund örtlicher Verhältnisse nicht unmittelbar Befehle vom höheren Befehlshaber erhalten können, der Disziplinarbefugnis nach No. 2 hat, sowie Nächstkommandierenden zur See.

Sie können, wenn sie Offiziere sind, über ihre Untergebenen verhängen:

gegen Offiziere eintägigen Arrest;

gegen Unterbefehlshaber Arrest bis zu 2 Tagen, Freiheitsbeschränkung bis zu 4 Tagen oder Verweigerung von Urlaub oder Landurlaub und

gegen Gemeine Arrest bis zu 4 Tagen, Parade, Strafdienst, Strafexerzieren, Freiheitsbeschränkung bis zu 7 Tagen oder Verweigerung von Urlaub oder Landurlaub.

Sind sie Unteroffiziere, so können sie über ihre Untergebenen verhängen:

gegen Unterbefehlshaber eintägigen Arrest und

gegen Gemeine zweitägigen Arrest, Parade, Strafdienst, Strafexerzieren, Freiheitsbeschränkung bis zu 4 Tagen, Verweigerung von Urlaub bis zu 7 Tagen oder Landurlaub bis zu 4 Landreisen.

Jeder militärische Vorgesetzte kann ohne Rücksicht auf seinen Dienstgrad seinen Untergebenen Verweis erteilen.

§ 116. Befugnis zu Erlafs eines Strafbefehls steht den in § 115 No. 1 genannten Chefs, sowie den in § 115 No. 2 erwähnten Offizieren zu, sofern diese eine militärische Abteilung, Befestigung, Anstalt oder Schiff befehligen, die im allgemeinen oder für den Fall als selbstständig zu erachten sind.

Generaljurisdiktionschefs und Jurisdiktionschefs, sowie Generäle und Admirale, können durch Strafbefehl alle in § 112 erwähnten Strafen auferlegen.

Die übrigen im vorigen Paragraphen erwähnten Offiziere können Arrest bis zu 20 Tagen, sowie die in § 112 No. 2—4 erwähnten Strafen auferlegen.

§ 117. Niemand darf in Gegenwart seines Vorgesetzten ohne seine Zustimmung eine Disziplinargewalt ausüben.

§ 118. Rücksichtlich der Übertretungen, deren disziplinäre Behandlung regelmäfsig einem untergeordneten Befehlshaber zusteht, wird die Disziplinargewalt von dessen Vorgesetztem ausgeübt, sofern die Übertretung in seiner Gegenwart verübt oder von dem Untergeordneten unbestraft gelassen wurde.

§ 119. Erachtet ein untergeordneter Befehlshaber, dafs eine höhere Strafe als die er zu verhängen befugt ist, anzuwenden sei oder trägt er sonst Bedenken, selbst eine Straffrage zu entscheiden, hat er die Entscheidung seines Vorgesetzten einzuholen.

13. Kapitel.

Ausübung der Disziplinargewalt.

§ 120. Wo Strafbefehlstrafe zulässig erscheint, ist ein schriftlicher Strafbefehl auszufertigen, der kurz, aber unter möglichst genauer Angabe von Zeit und Ort, Gegenstand und ähnlichem die strafbare Handlung darlegen soll, für die der Strafbefehl erlassen wird, mit Hervorhebung der gesetzlichen Merkmale und unter Hinweis auf die oder diejenigen Strafbestimmungen, die etwa als anwendbar erachtet werden.

Der Strafbefehl soll ferner enthalten:

1. Angabe der Gröfse der Strafe und bei Geldstrafe der Zahl der Arresttage, die bei Nichtbezahlung an ihre Stelle treten sollen.

   Wo es sich um Einziehung von Geld oder Gut handelt, soll weiter angegeben werden, was eingezogen werden soll.

   Ist durch die Handlung Schaden angerichtet oder sind durch die Untersuchung Auslagen verursacht, die nach Gesetz vom Täter zu erstatten sind, kann der Strafbefehl zugleich den Schadenersatz und den Kostenbetrag umfassen.

2. Aufforderung an den Beschuldigten, innerhalb der im Strafbefehl angegebenen Frist, die allgemein nicht kürzer als 24 Stunden sein soll, zu erklären, ob er den Strafbefehl annimmt.

Der Strafbefehl wird dem Beschuldigten in zweckmäfsiger Form mitgeteilt, wenn nötig durch Bekanntmachung nach Gesetz über das gerichtliche Verfahren in Militärstrafsachen vom 29. März 1900, § 100.

Verweigert der Beschuldigte Annahme des Strafbefehls oder unterläfst er eine Erklärung hierüber, so entscheidet der Jurisdiktionschef, wiefern Anklage zu erheben sei.

Nimmt der Beschuldigte den Strafbefehl an, ist die Annahme zu verzeichnen und vorzulesen und mitzuunterzeichnen, wenn möglich vom Beschuldigten und einem zugezogenen Zeugen. Annahme hat mit der aus §§ 124 und 125 folgenden Beschränkung die gleiche Wirkung wie ein Urteil.

Das Gesetz über das gerichtliche Verfahren in bürgerlichen Strafsachen vom 1. Juli 1887, § 381 und das Gesetz über das gerichtliche Verfahren in Militärstrafsachen vom 29. März 1900, Kapitel 24 finden entsprechend Anwendung.

§ 121. Bevor Disziplinarstrafe verhängt oder ein Strafbefehl ausgefertigt wird, ist dem Betreffenden Gelegenheit zu geben, sich zu erklären und die zu einer richtigen Beurteilung des Falles nötigen Aufschlüsse herbeizuschaffen.

§ 122. Eine verhängte Disziplinarstrafe wie ein angenommener Strafbefehl sind in der Regel sofort zu vollstrecken.

§ 123. Jede Verhängung einer Disziplinarstrafe oder Annahme eines Strafbefehls ist in dienstlichem Wege der vorgesetzten Behörde mitzuteilen und, soweit sie nicht in einer Strafe nach § 110 No. 1—5 besteht, im Strafprotokoll aufzunehmen unter Angabe, wo und von wem sie verhängt oder erlassen ist und wegen welcher Übertretung.

§ 124. Jeder Chef hat die Ausübung der Disziplinargewalt seines Untergebenen zu beaufsichtigen. Erachtet er eine auferlegte oder nach Strafbefehl angenommene Bestrafung für unverdient, zu streng oder ungesetzlich, hat er sie herabzusetzen oder aufzuheben. Erachtet er sie für zu mild, so soll es dabei doch sein Bewenden haben, falls es sich nicht um eine strafbare Handlung handelt, die nicht disziplinarisch erledigt werden sollte.

§ 125. Ist eine Strafbefehlstrafe wegen einer nicht nach § 109 durch Strafbefehl zu erledigenden strafbaren Handlung angenommen worden, so trifft der Jurisdiktionschef Bestimmung über die Behandlung der Sache.

Verhängung einer Disziplinarstrafe wegen eines nach diesem Gesetz strafbaren Verhaltens hindert eine Verfolgung in gewöhnlicher Form nicht.

Sollte die verhängte oder angenommene Strafe schon ganz oder teilweise verbüſst sein, so wird dies bei der Strafausmessung in Abzug gebracht.

14. Kapitel.
Beschwerde.

§ 126. Wem eine Disziplinarstrafe von einem selbst unter höherer Disziplinargewalt Stehenden auferlegt ist, der kann binnen der nächsten 24 Stunden durch seinen Vorgesetzten sich bei der nächst höheren Disziplinarbehörde beschweren.

Die Beschwerde kann schriftlich oder mündlich erfolgen. Eine mündliche wird auf der Stelle schriftlich von dem Vorgesetzten abgefaſst und von diesem zur Beurkundung mitunterzeichnet.

Der Vorgesetzte sendet die Beschwerde sofort auf vorgeschriebenem Dienstwege ab, worauf die Behörde, vor die die Sache gebracht ist, gemäſs den Regeln in § 121, vgl. §§ 119, 122, 124 und 125, entweder selbst entscheidet oder die Entscheidung des zuständigen Oberen einholt.

Die Beschwerde hat keine aufschiebende Kraft, auſser die auferlegte Strafe wäre Geldstrafe oder Arrest oder es verfüge dies die höhere Behörde.

§ 127. Gegen die zufolge Beschwerde getroffene Entscheidung kann bei Verhängung von Geldstrafe oder Arrest wegen einer Übertretung der in § 108 Abs. 2 behandelten Art weitere Beschwerde an den Jurisdiktionschef und gegen dessen Entscheid in Friedenszeit im Inlande an den Generaljurisdiktionschef Beschwerde eingelegt werden.

Für fernere Beschwerdeerhebung finden die Regeln des § 126 entsprechende Anwendung.

§ 128. Nähere Regeln betreffs der Militärdisziplinargewalt erläſst der König.

Schluſsbestimmungen.

Vorliegendes Gesetz tritt gleichzeitig mit dem allgemeinen Strafgesetz in Kraft (1. Januar 1904).

Von diesem Zeitpunkt an werden aufgehoben: das Militärstrafgesetz vom 23. März 1866 mit Zusatzgesetzen vom 27. Juli 1892 und 14. Juli 1894; das Gesetz über Wehrpflicht und Aushebung vom 12. Mai 1866, § 13; die Gesetze über Anwendung der Militärgesetzgebung auf das Sanitäts- und Intendanturpersonal der Armee, auf das Sanitätspersonal der Marine und die zum Armeeveterinärkorps gehörigen Personen vom 19. Mai 1888, 28. Mai 1892 und 14. Juli 1893; das Gesetz über Militärrequisitionen in Kriegszeit vom 27. Juli 1896, § 7 Abs. 2 nebst Disziplinarreglementen für Armee und Marine, beide vom 5. Juli 1867 und jede sonstige vorliegendem Gesetz widersprechende Bestimmung.

Von gleichem Zeitpunkt an soll das Gesetz über Anstellung und Entlassung der festbesoldeten Unteroffiziere des Heeres vom 6. Juni 1885, § 2 lauten:

Aufser den im Militärstrafgesetz und im Einführungsgesetz zum allgemeinen Strafgesetz § 10 berührten Fällen kann ein festbesoldeter Unteroffizier nicht entlassen werden, aufser

a) er werde nach Ablauf der Probezeit von einer Prüfungskommission auf nähere Gründe hin zum Unterbefehlshaber untauglich erklärt;

b) oder von einer ärztlichen Kommission dienstuntauglich erklärt;

c) als Sergeant nach Zurücklegung des 52. oder in höherer Stellung des 60. Jahres.

Unteroffiziere, die nach lit. a) entlassen werden, sind berechtigt, eine Abschrift der Erklärung der Prüfungskommission zu fordern.

2. Norwegisches Gesetz über das gerichtliche Verfahren in Militärstrafsachen

vom 29. März 1900,

abgeändert durch Gesetz vom 22. Mai 1902.[1])

1. Kapitel.

Einleitungsbestimmungen.

§ 1. Unter „Militärverbrechen und Militärübertretungen" werden in diesem Gesetze Handlungen verstanden, die in der Militärstrafgesetzgebung als strafbar bezeichnet sind, mag die Strafe in dieser oder in der bürgerlichen Strafgesetzgebung zu suchen sein.

Andre strafbare Handlungen sind bürgerliche Verbrechen und Übertretungen.

§ 2. Unter „Militärperson (Militär)" wird in diesem Gesetz jede bei der bewaffneten Reichsmacht angestellte oder dazu gehörige Person verstanden.

Unter die Benennung „General" fallen zugleich Generallieutenants und Generalmajore, unter „Admiral" zugleich Viceadmirale und Konteradmirale. Unter „Stabsoffizieren" werden im Landheer Oberste, Oberstlieutenants und Majore, in der Marine Kommandeure und Kommandeurkapitäne verstanden. Unter „Kapitäne" fallen auch Rittmeister. Korporale werden zu den Gemeinen gerechnet.

Unter die verschiedenen Benennungen von Militärs fallen Zivilmilitärs der entsprechenden Grade.

§ 3. Die Vorschriften dieses Gesetzes für Kriegszeit gelten auch für die Zeit, wo die bewaffnete Macht oder eine Abteilung derselben auf Kriegsfuſs gestellt ist und bis sie wieder auf Friedensfuſs gesetzt ist.

§ 4. Unter Seezug ist eine auf mindestens 14 Tage berechnete Expedition in fremden Gewässern zu verstehen.

Ein Schiff gilt als auf einer Expedition befindlich von der Hissung der Kommandoflagge an Bord bis zur Streichung derselben,

---

[1]) Die mit einem Stern bezeichneten Abänderungsbestimmungen traten sofort in Kraft; die mit zwei Sternen versehenen treten erst am 1. Januar 1904 (gleichzeitig mit dem bürgerlichen Straf-Gesetz) in Kraft.

auf Seezug aber befindlich vom Verlassen der Ausrüstungsstation bis zur Rückkehr an den Stapelplatz.

§ 5. Hinweisung auf das bürgerliche Strafprozeſsgesetz bezeichnet das Gesetz über das gerichtliche Verfahren in Strafsachen vom 1. Juli 1887 nebst Zusatzgesetzen.

2. Kapitel.

Wirkungskreis des Gesetzes.

§ 6. Nach den Bestimmungen dieses Gesetzes werden alle Sachen behandelt, die militärische Verbrechen und Übertretungen betreffen.

§ 7. Weiter werden nach den Bestimmungen dieses Gesetzes behandelt Sachen, welche Verbrechen oder Übertretungen betreffen, wegen deren Anklage erhoben wird gegen

1. Militärpersonen, die in Kriegszeit oder auf Seezug oder bei einer Heeresabteilung auſserhalb des Reiches Dienst tun;
2. andere Personen, die in irgend welcher Eigenschaft einer Abteilung der bewaffneten Macht in Kriegszeit oder auf Seezug oder auſserhalb des Reiches folgen oder gegen
3. Kriegsgefangene, die unter militärischer Bewachung stehen,

— alles, soweit die Anklage vom Staate entweder von Amts wegen oder auf Antrag des Verletzten erhoben wird.

§ 8. Sachen, die vom Staate gegen einen Militärbeamten behufs Verabschiedung aus seiner Stellung aufgenommen werden, ohne daſs diese als Strafe zu betrachten ist, werden vom Kriegsgericht eingeleitet und nach den Bestimmungen dieses Gesetzes behandelt, sofern diese anwendbar sind.

§ 9. Ist Verfolgung wegen eines bürgerlichen Verbrechens oder einer Übertretung eingeleitet, bevor der Verfolgte in ein im § 7 erwähntes Verhältnis eintritt, kann die Sache nach diesem Gesetz fortgeführt werden, wenn die Staats- und die Militäranwaltschaft darüber übereinkommen und der Verfolgte keinen Einspruch erhebt.

§ 10. Sachen betreffend bürgerliche Verbrechen oder Übertretungen, die nach § 7 unter die Militärstrafgewalt gehören, werden ferner nach den Bestimmungen des bürgerlichen Strafprozeſsgesetzes behandelt, wenn die Militäranwaltschaft dies als zweckmäſsig erachtet. Doch ist dazu Zustimmung des Gerichts erforderlich, soweit schon Verfolgung vor Kriegsgericht eingetreten und der Verfolgte Einspruch erhebt.

Jedenfalls geht eine Sache, die ein bürgerliches Verbrechen oder eine solche Übertretung betrifft, zur Behandlung nach den Bestimmungen des bürgerlichen Strafprozeſsgesetzes über, wenn das Verhältnis, das nach § 7 die Militärstrafgewalt dafür begründete, vor Einleitung der Verfolgung vor Kriegsgericht endet.

§ 11. Hat jemand mehrere Verbrechen oder Übertretungen verübt, von denen einige unter Militärstrafgewalt, andere unter bürgerliche Strafgewalt gehören, für die aber die Verfolgung in einer Sache verbunden werden sollte, so können die Militär- und die Staatsanwaltschaft über Anklageerhebung wegen aller nach den Bestimmungen des bürgerlichen Strafprozeſsgesetzes übereinkommen.

Sind die Verbrechen oder Übertretungen durch eine einzige Handlung verübt, so kann zufolge solcher Übereinkunft gemeinsame Anklage nach den Bestimmungen dieses Gesetzes erhoben werden.

§ 12. Sind mehrere Personen an derselben Handlung mitschuldig, die für einige derselben unter Militär-, für andere unter Zivilstrafgewalt gehört, so können die beiden Anwaltschaften darüber übereinkommen, die Sache für sämtliche Personen nach den Bestimmungen des bürgerlichen Strafprozeſsgesetzes behandeln zu lassen, sofern vereinte Verfolgung als zweckmäſsig erachtet wird.

§ 13. Zeigt sich bei Behandlung einer vor Zivilstrafgericht eingebrachten Sache, daſs sie eine strafbare Handlung betrifft, die beim Kriegsgericht hätte verfolgt werden sollen, so kann das Gericht sie doch zur Aburteilung bringen, wenn es findet, daſs nicht schon zur Zeit der Einleitung klar war, daſs die Sache unter die Militärstrafgewalt gehöre.

**§ 14. Der aus einer strafbaren Handlung folgende Zivilanspruch kann in Verbindung mit der Militärstrafsache nach den Regeln des Kapitel 28 verfolgt werden.

Der Antrag auf Entlassung nach § 8, vgl. Gesetz über das Inkrafttreten des bürgerlichen Strafgesetzes § 10, kann in Verbindung mit der Militärstrafsache geltend gemacht werden.

3. Kapitel.

Zusammensetzung der Militärstrafgerichte und ihr Wirkungskreis.

§ 15. Über die unter dieses Gesetz gehörigen Sachen urteilen als Gerichtshöfe

das Militärhöchstgericht,
der Militärbeschwerdeausschuſs des Höchstgerichts,
das Kriegsgericht,
das militärische Verhörsgericht,
das Standgericht.

§ 16. Das Militärhöchstgericht wird wie das allgemeine Höchstgericht zusammengesetzt unter Hinzutritt von zwei Offizieren, sei es des Landheeres, sei es der Marine, je nachdem die Sache von der Jurisdiktion jenes oder dieser eingeleitet ist.

Der Justitiarius des Höchstgerichts oder sein Stellvertreter ist Vorsitzender des Gerichts.

§ 17. Der Militärbeschwerdeausschuſs des Höchstgerichts besteht aus dem allgemeinen Beschwerdeausschuſs unter Hinzutritt von zwei Offizieren wie nach § 16.

Der älteste Höchstgerichtsrichter amtiert als Vorsitzender.

§ 18. Zur Dienstleistung im Militärhöchstgericht und im Militärbeschwerdeausschufs des Höchstgerichts ernennt der König für je zwei Jahre zwei Offiziere des Landheeres und zwei Offiziere der Marine, zugleich zwei Stellvertreter dieser beiden, sämtlich Stabsoffiziere oder solche höheren Grades.

Im übrigen gelten die Bestimmungen der §§ 31, 32, 33 Abs. 1, 3 u. 4 und § 47 über Richter. Die Meldung nach § 47 erfolgt in allen Fällen an den Justitiarius.

Ist einer der vorgenannten Militärrichter verhindert oder kann er aus anderm Grunde nicht im Gericht sitzen und ist kein Stellvertreter vorhanden, der an seine Stelle treten kann, so bestimmt der König, wer Dienst leisten soll.

§ 19. Das Kriegsgericht ist das allgemeine Militärstrafgericht erster Instanz.

Für jeden Jurisdiktionssprengel soll ein Kriegsgericht bestellt werden, in Friedenszeit zugleich für jede Generaljurisdiktion zur Entscheidung von Sachen gegen Personen höheren Grades als Kapitäne.

§ 20. Das Kriegsgericht besteht aus einem Kriegsgerichtsrichter als Vorsitzendem und fünf Militärs als Richtern.

Doch kann, wenn ein Richter verhindert ist oder aus anderm Grunde während Behandlung einer Sache ausscheiden mufs, diese mit vier Richtern fortgesetzt werden.

§ 21. Im Falle der Verhinderung eines Kriegsgerichtsrichters, oder seiner Ausschliefsung vom Sitz im Gericht, bestimmt das zuständige Regierungsdepartement oder, wenn in Kriegszeit oder auf Seezug die Verfügung des Departements nicht rechtzeitig eingeholt werden kann, der Generaljurisdiktions- oder Jurisdiktionschef, wer als Kriegsrichter Dienst leisten soll.

§ 22. Kriegsgerichtsrichter sollen im Besitz der gesetzlich für Richter des Höchstgerichts vorgeschriebenen Eigenschaften sein.

Sie werden vom König aus den festen Reichsrichtern, die nicht Höchstgerichtsmitglieder sind, ernannt. Vorzugsweise werden Richter bestellt, die als Offiziere Dienst geleistet haben.

Zur Dienstleistung in Kriegszeit oder auf Seezug und sonst unter besonderen Verhältnissen können Männer bestellt werden, die im Besitz der gesetzlich für Unterrichter vorgeschriebenen Eigenschaften sind.

*§ 23. Als Richter sollen für nachstehende Klassen amtieren

1. im Prozefs gegen einen General oder Admiral:
   ein oder mehrere Generäle oder Admirale und im übrigen Oberste oder Kommandeure.
2. im Prozefs gegen einen Stabsoffizier:
   ein General oder Admiral und vier Stabsoffiziere oder fünf Stabsoffiziere.
3. im Prozefs gegen einen Kapitän:
   drei Stabsoffiziere und zwei Kapitäne.

4. im Prozeſs gegen einen Lieutenant:
   ein Stabsoffizier, zwei Kapitäne und zwei Lieutenants.
5. im Prozeſs gegen einen Unteroffizier:
   ein Stabsoffizier, ein Kapitän, ein Lieutenant und zwei Unteroffiziere.
6. im Prozeſs gegen einen Gemeinen oder Nichtmilitär:
   ein Stabsoffizier, ein Kapitän, ein Unteroffizier und zwei Gemeine.

Können Richter der bestimmten Klassen nicht ohne besondere Schwierigkeit beschafft werden, so können als Richter im Prozeſs gegen einen General oder Admiral die in No. 2 bestimmten amtieren und im übrigen bis zu zwei der Richter von der nächst höheren oder niederen Klasse als für den Fall bestimmt. Doch soll, wenn möglich, einer der Richter Vorgesetzter des Angeklagten sein.

§ 24. Werden in der gleichen Sache mehrere Militärs von verschiedenen Klassen verfolgt, so sollen Richter die für den Angeklagten der höchsten Klasse zuständigen sein.

§ 25. In Sachen gegen Kriegsgefangene in militärischer oder ziviler Stellung sollen Richter die für Militärpersonen der entsprechenden Klasse zuständigen sein. Gegenüber solchen, die Nichtmilitärs sind, amtieren die in § 23 No. 6 genannten als Richter.

§ 26. Werden in gleicher Sache Militärs oder nach § 25 gleichgestellte Personen und Nichtmilitärs verfolgt, so amtieren als Richter die für die ersten bestimmten.

§ 27. Im Militärverhörsgericht erfolgen Beweisaufnahmen und andre einzelne gerichtliche Handlungen in Militärstrafsachen.

§ 28. Das Militärverhörsgericht besteht aus einem Militärverhörsrichter.

Als solcher amtiert in der Regel in seinem Gerichtssprengel der bürgerliche Unterrichter oder bei mehreren einer dieser. Ist der Unterrichter als Kriegsrichter bestellt, so bestimmt der König, welcher andre aus den festen Reichsrichtern als Militärverhörsrichter an seine Stelle treten soll.

Zur Dienstleistung als Militärverhörsrichter in Kriegszeit, bei einer Heeresabteilung auſserhalb des Reiches oder auf Seezug oder wo sonst aus besonderen Gründen bei einer Jurisdiktion es für erforderlich erachtet wird, ein besonderes Militärverhörsgericht zu haben, können Männer mit den für Unterrichter gesetzlich vorgeschriebenen Eigenschaften bestellt werden.

§ 21 findet entsprechende Anwendung. In Kriegszeit, bei einer Heeresabteilung auſserhalb des Reiches oder auf Seezug kann ein Kriegsrichter als Militärverhörsrichter verwendet werden.

§ 29. Standgerichte sind nur in Kriegszeit nach den Bestimmungen des Kapitel 33 zulässig.

Das Standgericht besteht aus einem Kriegsrichter als Vorsitzenden und zehn Militärs als Richtern.

Richter sollen ohne Rücksicht auf Grad oder Stellung des Angeklagten fünf Offiziere der Klassen sein, die der Jurisdiktionschef bestimmt, sowie zwei Unterbefehlshaber und drei Gemeine.

§ 30. Die Verrichtungen des Gerichtsschreibers werden beim Militärhöchstgericht wie bei dem allgemeinen besorgt.

Beim Kriegsgericht und beim Standgericht werden sie vom Kriegsrichter, beim Militärverhörsgericht vom Verhörsrichter wahrgenommen. Doch kann der Kriegsrichter, wo dies in wichtigen oder weitläufigen Sachen erforderlich erscheint, einen besondern Gerichtsschreiber für die Hauptverhandlung bestellen.

Soweit nicht besondere Gerichtsschreiber bestellt sind, sind im allgemeinen Protokollführer zu verwenden, wenn der Angeklagte oder Zeugen vernommen werden.

Zu solcher Verrichtung ist, wenn dazu Gelegenheit sich bietet, nach Begehr des Kriegsrichters oder Verhörsrichters von der nächsten oder einer der nächsten Abteilungen ein Offizier, Unteroffizier oder Gemeiner abzugeben.

4. Kapitel.
Richter.

*§ 31. Als Richter kann nur ein Militär amtieren, der norwegischer Bürger, über 25 Jahre alt, seit 5 Jahren im Lande ansässig ist und an den militärischen Übungen teilgenommen hat, die mit vollendetem 25. Lebensjahre regelmäfsig durchgemacht sein sollen.

**§ 32. Von der Dienstleistung als Richter ist jeder ausgeschlossen, der wegen einer strafbaren Handlung seine staatsbürgerlichen Rechte oder militärisches Amt oder Stellung verloren hat, oder der sich in einem der Verhältnisse befindet, die in der Verfassung, § 52 genannt sind.*)

§ 33. Als Richter können nicht amtieren:

1. Staatsratsmitglieder;
2. Mitglieder des Militärhöchstgerichts und seines Beschwerdeausschusses;
3. die bei den Regierungskontoren angestellten Beamten;
4. Hofbedienstete und Pensionäre des Hofes, sowie die zu den königlichen Stäben gehörigen Offiziere.

§ 34. Vor Ende November jeden Jahres soll der kommandierende General dem Landesverteidigungsdepartement eine Liste sämtlicher zum Landheere gehöriger Offiziere von höherem Grade als

---

*) Durch Gesetz vom 22. Mai 1902 ist die Verfassung, § 52 zu Anfang dahin revidiert: „Das Stimmrecht ruht zeitweilig a) bei denen, die öffentlich einer strafbaren Handlung angeklagt sind, die Stimmrechtsverlust nach sich ziehen kann" — und § 53 zu Anfang dahin: „Das Stimmrecht verlieren a) solche, die wegen strafbarer Handlungen nach näherer gesetzlicher Bestimmung verurteilt wurden".

Kapitäne zustellen, die den Bedingungen für Dienstleistung als Richter genügen.

Eine gleiche Liste wird von dem kommandierenden Admiral für die Marine eingesendet.

Gleichzeitig soll vom kommandierenden General und dem kommandierenden Admiral ein Verzeichnis über die in den Listen betreffend Richter übergangenen Offiziere genannter Grade eingesendet werden, mit Darlegung des Grundes, warum der einzelne nicht mitaufgeführt ist.

In den Listen sind die Offiziere in fortlaufender Nummerreihe klassenweise nach Grad und Anciennität aufzuführen.

§ 35. Den im vorigen Paragraphen erwähnten Listen sollen die Richter für Friedenszeit im Reiche in Sachen gegen höhere Offiziere als Kapitäne aus Landheer und Marine entnommen werden.

§ 36. Gleiche und entsprechend abgefafste Listen und Verzeichnisse, wie in § 34 erwähnt, sollen vor Ende November jedes Jahres für das Landheer ausgearbeitet werden:

1. von jedem Jurisdiktionschef über die dazu gehörigen Offiziere in höherem Grad als Kapitäne;
2. von jedem Bataillons- oder gleichgestellten Abteilungschef über die Offiziere der Abteilung von Kapitäns- oder niederem Grad sowie von Unteroffizieren.

Die hier erwähnten Listen sollen als Listen der betreffenden Abteilungen für die Richter der Offiziers- und Unteroffiziersklassen gelten.

§ 37. Für jedes Bataillon der Jurisdiktion oder gleichgestellte Abteilungen des Landheeres wählt der betreffende Chef nach Beratung mit seinen nächsten Unterchefs 40 Gemeine aus, vorzugsweise aus den im Distrikt fest angesessenen. Das Verzeichnis über diese wird Abteilungsliste für Richter über Gemeine.

§ 38. Welche Abteilungen den Bataillonen in den Fällen der §§ 36 und 37 gleichzustellen seien, bestimmt der König.

§ 39. Für die Marine werden Verzeichnisse aufgestellt und Richterlisten aufgesetzt von den in §§ 36 und 37 genannten Offizieren, Unteroffizieren und Gemeinen nach näherer Bestimmung des Königs.

*§ 40. Die in §§ 36, 37 und 39 genannten Listen sollen unverzüglich dem Kriegsrichter der Jurisdiktion zugestellt werden, zu der die betreffende Abteilung gehört.

Die Listen bleiben in Friedenszeit für das Kalenderjahr, in Kriegszeit bis zur Beendigung des Krieges geltend.

Sie werden nachgeführt und bei Abgängen ergänzt.

**§ 41. Gerät ein in der Liste aufgeführter Richter in eines der § 32 genannten Verhältnisse oder in eine Stellung, die nach § 33 mit dem Amt unverträglich ist, oder ergibt sich, dafs ein Richter einer der vorgeschriebenen Bedingungen ermangelt, so soll unverzüglich dem betreffenden Kriegsrichter berichtet werden, der ihn aus der Liste streicht.

Gleiches gilt, wenn ein Richter stirbt oder wegen geistiger oder körperlicher Mängel dauernd dienstuntauglich wird oder aus seiner Militärstellung austritt.

Ebenso wird dem Kriegsrichter berichtet, wenn ein Richter wegen eines bürgerlichen oder militärischen Verbrechens oder solcher Übertretung in Untersuchung gerät, wo eine strengere Strafe als Geldstrafe oder Arrest eintreten kann.

Klage darüber, dafs jemand unrechtmäfsig nicht aufgeführt oder gestrichen ist, ist dem Landesverteidigungsdepartement einzureichen und von diesem zu beurteilen.

5. Kapitel.

Richterwahl für die einzelnen Sachen.

§ 42. Ist Berufung eines Kriegsgerichts begehrt, so hat der Kriegsrichter rechtzeitig Richter für die einzelne Sache, sowie einen Stellvertreter jeder Klasse auszuwählen.

Ist anzunehmen, dafs mehrere Sachen unmittelbar nacheinander zur Verhandlung kommen werden, soll doch, soweit möglich, die Auswahl hierfür ganz oder teilweise unter einem erfolgen.

§ 43. Richter in Sachen gegen Personen in höherem Grad als Kapitäne werden in Kriegszeit oder aufserhalb des Reiches aus der in § 36 Abs. 1 behandelten Liste genommen.

In anderen Sachen werden Richter so ausgewählt:

a) Stabsoffiziere aus der Liste der Jurisdiktion, wo die Verfolgung eingeleitet ist nach § 36 No. 1;

b) die in § 36 No. 2 und § 37 genannten Richter aus der vom betreffenden Jurisdiktionschef bestimmten Liste.

*§ 44. Die Auswahl erfolgt in Gegenwart von zwei Gerichtszeugen durch Losziehung, falls nicht zwischen mehreren nicht zu wählen ist. Die Losziehung erfolgt klassenweise und so, dafs der Kriegsrichter in eine Urne oder ähnliches Gerät geschlossene Zettel mit sämtlichen Nummern der in der Klasse auf der Liste verzeichneten Richter legt und nach deren Mischung einzeln die bestimmte Anzahl herauszieht.

Trifft das Los einen nach dem nachfolgenden Kapitel von Dienstleistung in der Sache Ausgeschlossenen oder, wie man weifs, gesetzlich Verhinderten, oder einen im Falle des § 41 Befindlichen, so ist er zu übergehen.

Wenn es sich vermeiden läfst, ist bei der Losziehung niemand mitaufzunehmen, dessen Dienstleistung als Richter vermutlich schädliche Verzögerung nach sich zöge oder mit unverhältnismäfsiger Beschwerde oder Kostenverursachung verbunden wäre.

§ 45. Die Losziehung und die in Hinsicht auf §§ 42—44 gefaſsten Beschlüsse werden in ein dazu bestimmtes Buch eingetragen und von den Gerichtszeugen mitunterschrieben.

Kann eine Losziehung innerhalb einer Klasse nicht erfolgen, soll auch der Grund davon angegeben werden.

*§ 46. Beglaubigter Auszug über die Auslosung in Sachen gegen Offiziere in höherem Grad als Kapitäne soll unverzüglich dem Generaladvokaten, in anderen Sachen dem Kriegsadvokaten, in allen Fällen der Anwaltschaft mitgeteilt werden. Diese lassen zur Kriegsgerichtssitzung die ausgelosten Richter und Stellvertreter laden und das Verzeichnis derselben dem Angeklagten und seinem Verteidiger zustellen.

§ 47. Wer nach erhaltener Vorladung zum Richterdienst annimmt, er werde wegen Hinderung oder sonstigen Grundes nicht erscheinen können, hat möglichst bald dies dem Befehlshaber, von dem er den Befehl empfing, zu melden. Dieser hat sofort und direkt den Kriegsrichter davon zu unterrichten. Letzterer hat solchenfalls, sowie wo er in andrer Weise davon Kenntnis erhielt, daſs ein ausgeloster Richter oder Stellvertreter nicht erscheinen kann, sofort neue Stellvertreter auszuwählen und danach in der im § 46 angegebenen Weise zu verfahren.

§ 48. Zeigt sich bei Beginn der Verhandlung vor dem Kriegsgericht, daſs einer der ausgelosten Richter nicht erscheint, oder sonstwie nicht im Gericht sitzen kann, und ist kein Stellvertreter zur Dienstleistung anwesend, so hat der Kriegsrichter, sofern nicht alle ausgelosten Richter wegen wesentlichen Fehlers in den Listen oder bei der Auslosung abtreten müssen, aus den betreffenden oder der nächst höheren oder niederen Klasse denjenigen zu berufen, der am schnellsten zur Stelle kommen kann.

Ist Wahl zwischen mehreren möglich, so geschieht sie durch Losziehung.

6. Kapitel.

Ausschlieſsung von Gerichtsmitgliedern.

§ 49. Die Bestimmungen des bürgerlichen Strafprozeſsgesetzes §§ 66—68, § 69 Abs. 1 wie §§ 70—71 finden entsprechende Anwendung. Gegen den Beschluſs über Ausschlieſsung eines Richters kann allein die Militäranwaltschaft Beschwerde führen.

7. Kapitel.

Militäranwaltschaft.

§ 50. Die Beamten der Militäranwaltschaft sind:

1. die Generaljurisdiktionschefs,
2. die Jurisdiktionschefs und
3. die Offiziere, die das Kommando eines Kompagniechefs oder entsprechendes oder höheres Kommando oder Befehl über

militärische Befestigungen, Anstalten oder Schiffe führen oder eine entsprechende selbständige Stellung in der Militärverwaltung bekleiden.

Andere Befehlshaber wirken bei Verfolgung strafbarer Handlungen mit, haben aber keine selbständige Anklagebefugnis, aufser wo die Bestimmung des zuständigen Beamten nicht eingeholt werden kann.

§ 51. Die Beamten der Anwaltschaft haben das Recht zur Anklage gegen Militärs, die ihrer Kommandogewalt unterworfen sind. Anklagerecht gegen andre als Militärs steht den Anwaltschaftsbeamten bei der Abteilung zu, welche das betreffende Gebiet besetzt hat oder die Personen in ihrem Gefolge oder unter ihrer Bewachung hat. Endete das Verhältnis, das die Militärstrafgewalt begründete, vor Verfolgungsbeginn, so steht die Anklage den Beamten bei der Abteilung zu, unter die der Angeklagte zuletzt gehörte.

Der König kann durch allgemeine Bestimmung Personen, die nach vorstehenden Regeln nicht darunter gehören würden, der Anwaltschaft der Jurisdiktionschefs unterwerfen. Doch können dadurch Personen, die zur Marine gehören, nicht der Jurisdiktion des Landheeres oder umgekehrt unterworfen werden.

Kann die Anklage nicht ohne unverhältnismäfsigen Kostenaufwand oder schädliche Verzögerung vom zuständigen Beamten erhoben werden, so kann auf seinen Antrag ein andrer Befehlshaber mit entsprechender Anklagebefugnis die Verfolgung übernehmen. Doch kann die Befugnis zur Anklageerhebung nur in den Fällen des § 95 übertragen werden, sowie wo in Hinsicht auf § 98 (vgl. §§ 139 bis 141 des bürgerlichen Strafprozefsgesetzes) vom allgemeinen Gerichtsstand abgegangen wird.

§ 52. Generaljurisdiktionschefs sind der kommandierende General und der kommandierende Admiral.

Sie haben die Oberleitung der Anwaltschaft, ein jeder in seinem Sprengel (Generaljurisdiktion). Nur der König kann allgemeine Regeln und bindende Vorschriften für Ausführung ihres Berufs aufstellen.

§ 53. Der König bestimmt die Anzahl und den Umkreis der Jurisdiktionen.

Die Jurisdiktionschefs werden vom König aus den Brigadechefs, Waffenchefs, Kommandanten oder anderen Chefs bestellt.

Sie leiten die Anwaltschaft, ein jeder in seinem Sprengel, unter Oberleitung des betreffenden Generaljurisdiktionschefs.

*§ 54. Bei Ausübung der Anklagefunktion leisten den Generaljurisdiktionschefs der Generaladvokat und den Jurisdiktionschefs die Kriegsadvokaten Beistand.

Der Generaladvokat und Kriegsadvokat ist bei allen wichtigeren Entscheidungen zu hören. Er soll die schriftliche Ausfertigung jedes Befehls oder Beschlusses mitunterzeichnen, bei dessen Zustandekommen er mitgewirkt hat. Er wird durch Unterzeichnung für die Gesetzlichkeit des Befehls oder Beschlusses mitverantwortlich, falls er nicht in dem Dokument angegeben hat, dafs er der getroffenen Entscheidung nicht zustimmte.

*§ 55. Der Generalkriegsadvokat ist für Landheer und Marine gemeinsam. Er wird vom König ernannt und soll die für den Reichsadvokaten vorgeschriebenen Eigenschaften besitzen oder drei Jahre als Kriegsadvokat gedient haben.

Der Generaladvokat soll in der Regel alle Sachen vor dem Militärhöchstgericht und in Friedenszeit vor Kriegsgericht die Sachen führen, die gegen Personen in höherem Grade als Kapitäne eingeleitet werden.

Der Generaladvokat führt die Aufsicht über die Berufsausübung der Kriegsadvokaten.

*§ 56. Die Kriegsadvokaten werden vom König vorzugsweise aus Männern bestellt, die als Offiziere dienten. Sie sollen im Besitz der Eigenschaften sein, die im Gesetz über Bestellung von Höchstgerichtsadvokaten vom 28. September 1857 § 2 litt. a—c vorgeschrieben sind, sowie sich einer Prüfung im Militärrecht nach Bestimmung des Königs unterzogen haben. Zur Dienstleistung in Kriegszeit, auf Seezug und unter besondern Verhältnissen können jedoch vom König oder den von ihm dazu Bevollmächtigten auch andre berufstüchtige Männer bestellt werden.

Die Zahl der Kriegsadvokaten soll mindestens vier für das Landheer und einen für die Marine betragen.

Sie sollen vor dem Militärhöchstgericht und Kriegsgericht die Sachen führen, die nicht vom Generaladvokaten geführt werden.

*§ 57. Im Fall einer Meinungsverschiedenheit zwischen dem Jurisdiktionschef und dem Kriegsadvokaten bezüglich Anklageerhebung kann letzterer verlangen, dafs die Sache dem Generaljurisdiktionschef vorgelegt werde, der nach Anhörung des Generaladvokaten Bestimmung trifft.

§ 58. Ist jemand, der eine Sache vor Militärgericht vertreten soll, daran gehindert, so kann sein nächster Vorgesetzter oder der Gerichtsvorsitzende einen geschäftskundigen Mann an seiner Stelle auftreten lassen.

§ 59. Der Beamte der Anwaltschaft kann, wenn dies der Untersuchung wegen erforderlich erscheint, seine Aufträge unmittelbar an jede Militärperson niederen Grades richten.

§ 60. Der obere Beamte kann selbst die Geschäfte übernehmen, die dem unteren obliegen, oder eine einzelne Verrichtung von einem andern als dem zunächst dazu bestimmten vornehmen lassen.

§ 61. Befindet sich ein Beamter der Anwaltschaft oder ein an seiner Stelle Auftretender in einem der Verhältnisse des § 66 No. 1—3 oder § 67 des Strafprozefsgesetzes, oder hat er früher in der Sache in andrer Eigenschaft gehandelt oder Zeugnis abgelegt, oder soll er dieses ablegen, ist er als Sachverständiger in der Sache aufgetreten oder soll er dies, so hat er seinen nächsten Vorgesetzten hiervon zu benachrichtigen, damit dieser die entsprechende Verfügung treffen kann. Inzwischen hat er unaufschiebbare Handlungen in der Sache vorzunehmen.

§ 62. Wo für Durchführung militärischer Strafsachen keine feste Besoldung angesetzt ist, steht dem betreffenden Beamten für jede einzelne Sache Entschädigung aus der Staatskasse zu, die nach § 81 des bürgerlichen Strafprozefsgesetzes zu bestimmen ist.

§ 63. Nähere Regeln über die Ordnung der Anwaltschaft erläfst der König.

8. Kapitel.
Anklage.

§ 64. Die Militärstrafgerichte treten nur auf Antrag der Militäranwaltschaft in Tätigkeit und endet ihre Tätigkeit, wenn der Antrag zurückgezogen wird, alles soweit nicht in diesem Gesetz eine Aus nahme gemacht ist.

§ 65. Strafbare Handlungen, die der Militärstrafgewalt unterliegen, und die nicht nach §§ 10 oder 11 der Zivilbehörde zur Entscheidung überlassen werden, werden von Amts wegen von der Militäranwaltschaft zur Anklage gebracht.

Doch ist erfordert:

1. Befehl oder Genehmigung des Königs, wo diese nach der geltenden Gesetzgebung notwendig ist;
2. Aufforderung der zuständigen besonderen Behörde, wo nach geltender Gesetzgebung einer solchen die Bestimmung über Anklageerhebung überlassen ist;
3. bei bürgerlich strafbaren Handlungen Antrag des Verletzten, wo die öffentliche Anklage nach geltender Gesetzgebung davon abhängt. Um Berücksichtigung zu finden, darf ein solcher Antrag keinen der Militärstrafgewalt Unterworfenen von der Verfolgung ausschliefsen. Dieser kann auf solche Mitschuldige, die nicht ausdrücklich ausgeschlossen sind, erstreckt werden.

   Wird der Befehl, die Genehmigung oder der Antrag vor Fällung des Urteils zurückgezogen, so wird die Verfolgung eingestellt.

**§ 66. Ohne Rücksicht auf die Beweislage kann Anklage unterbleiben:

1. in den Fällen, in denen die Gesetzgebung hierzu besondern Anlafs bietet;
2. wenn die Regeln für die Strafausmessung im Falle des Zusammentreffens mehrerer Verbrechen oder Übertretungen keine oder nur eine unbedeutende Strafe zulassen;
3. wenn anzunehmen ist, dafs öffentliche Rücksichten Bestrafung nicht erheischen, namentlich wenn besonders lange Zeit seit Verübung des Verbrechens oder der Übertretung

verflossen oder besonders mildernde Umstände vorliegen. Die Unterlassung der Anklageerhebung kann davon abhängig gemacht werden, dafs der Angeklagte[1]) sich nicht eines neuen vorsätzlichen Verbrechens oder einer Übertretung in gewisser, von der Anwaltschaft festzusetzenden Frist schuldig macht, die nicht die für die strafbare Handlung gesetzte Verjährungsfrist und keinesfalls 2 Jahre übersteigen soll.

§ 67. Bis zur Urteilsfällung kann eine begonnene Verfolgung aus denselben Gründen eingestellt werden, aus denen sie von Anfang an hätte unterbleiben können.

Bei Fortfall der Sache nach Beginn der Hauptverhandlung erfolgt Freisprechung. Wird sonst die begonnene Verfolgung eingestellt, so wird hiervon dem Angeklagten, wie einem etwa aufgetretenen Kläger, Nachricht gegeben.

**§ 68. Ist eine gegen einen Angeklagten gerichtete Verfolgung eingestellt, so kann sie, ausgenommen die Fälle von § 70 Abs. 1 und § 72, nur nach § 218, vgl. § 415 des bürgerlichen Strafprozefsgesetzes, wieder aufgenommen werden oder da, wo sie mangels Beweis eingestellt ist und später wichtige Beweismomente aufgefunden werden.

Im Falle des § 66 No. 2 kann von neuem Verfolgung eintreten, wenn der Angeklagte nicht wegen des oder der Verbrechen oder Übertretungen zu Strafe verfällt wird, die den Gegenstand der Anklage bilden.

Im Falle des § 66 No. 3 kann dies geschehen, wenn der Angeklagte vor Ablauf der festgesetzten Frist sich eines neuen vorsätzlichen Verbrechens oder einer Übertretung schuldig macht.

**§ 69. Anklageerhebung erfolgt wegen strafbarer Handlungen seitens der Generaljurisdiktionschefs und der Jurisdiktionschefs.

Die Generaljurisdiktionschefs haben in Friedenszeit über die Frage der Anklageerhebung zu entscheiden, wo es sich handelt

1. um Verbrechen oder Übertretungen, die von Personen in höherem Grade als Kapitäne verübt sind:
2. um Verbrechen, bei denen die Strafe so bestimmt ist, dafs Todesstrafe oder lebenslängliches Gefängnis zulässig ist;
3. um Verbrechen, die durch eine Druckschrift verübt sind.

§ 70. Der Beschlufs einer unteren Behörde über Unterlassung oder Fallenlassen einer Verfolgung kann von der oberen umgestofsen werden, wenn hiervon dem Angeklagten binnen zwei Monaten Mitteilung gemacht wird, seitdem er von der ersten Verfügung unterrichtet wurde.

---

[1]) Die Übersetzung des Wortes „sigtede“ mit „Angeklagter“ scheint mir jetzt nach den Ausführungen von Hagerup, Forelæsninger over den norske straffeproces, Kristiania 1892 S. 228 und Bernhard Getz, Juridiske Afhandlinger udgivne ved Francis Hagerup, Kristiania 1901 S. 349 ff. richtiger als die frühere mit „Beschuldigter“. D. Ü.

Beschliefst ein Jurisdiktionschef nach § 66 No. 3 Unterlassung oder Einstellung der Verfolgung einer strafbaren Handlung, so hat er in Friedenszeit ohne Aufschub dem zuständigen Generaljurisdiktionschef einen Bericht mit Begründung einzureichen.

Beschliefst ein Generaljurisdiktionschef in gleichem Falle Unterlassung oder Einstellung der Verfolgung einer strafbaren Handlung, für die ihm Anklageerhebung nach § 69 zusteht, so berichtet er hierüber ohne Aufschub mit Begründung an den König, dem die endliche Entscheidung zusteht.

Eine von einer unteren Behörde eingeleitete Verfolgung kann von der vorgesetzten fallengelassen werden.

§ 71. Im Falle des § 10 übersendet die Militäranwaltschaft die Sache der Staatsanwaltschaft zur Behandlung nach dem bürgerlichen Strafprozefsgesetz.

Hat sonst die Militäranwaltschaft Anklageerhebung wegen eines bürgerlichen Verbrechens oder einer solchen Übertretung, die unter Militärstrafgewalt gehört, abgelehnt oder nach Beginn fallengelassen, ohne dafs sich dies auf § 66 No. 2 stützt, so kann private Verfolgung vor Zivilstrafgericht nach den Regeln des § 94 des bürgerlichen Strafprozefsgesetzes eintreten.

§ 72. Lehnte die Militäranwaltschaft Anklageerhebung wegen eines militärischen Verbrechens oder einer solchen Übertretung ab oder trat sie nach Einleitung zurück, ohne dafs sich dies auf § 66 No. 2 stützt, so kann der Verletzte, aufser wo er erklärte, Anklageerhebung nicht zu verlangen, in Friedenszeit Vorlegung der Frage, wiefern Anklage zu erheben sei, an den Militärbeschwerdeausschufs des Höchstgerichts verlangen.

Die Anwaltschaft sendet unverzögerlich diesen Antrag, samt den Dokumenten der Sache und einer Darstellung der von ihr besessenen Ermittelungen samt etwaigen sonstigen Bemerkungen dem Beschwerdeausschufs ein, der vor Fassung eines Entscheides weitere Ermittelungen in der Art des Kapitel 20 einziehen lassen kann.

Geht der Entscheid des Beschwerdeausschusses auf Anklageerhebung, so hat die Anwaltschaft unverzüglich den Anklagebeschlufs gemäfs dem Entscheide auszufertigen.

Findet der Ausschufs den Antrag des Verletzten offenbar grundlos, so kann er ihm völligen oder teilweisen Ersatz der dadurch entstandenen Kosten und nach Umständen daneben noch eine Geldstrafe auferlegen.

§ 73. Ein solcher Antrag (§ 72) ist binnen 14 Tagen seit Zustellung des Beschlusses, der hierzu Anlafs gibt, zu stellen. Für solche, die keine Mitteilung erhielten, beträgt die Frist zwei Monate.

§ 74. Der § 96 des bürgerlichen Strafprozefsgesetzes findet entsprechende Anwendung.

9. Kapitel.

Angeklagte und deren Verteidigung.

§ 75. Der einer strafbaren Handlung Verdächtige gilt als Angeklagter, wenn Verfolgung gegen ihn vor Gericht eingeleitet oder durch Beschlufs oder Anordnung von Beschlagnahme, Durchsuchung oder Verhaftung oder ähnliche gegen ihn gerichtete Mafsregeln vorbereitet ist.

§ 76. Ist der Angeklagte noch minderjährig, so stehen die ihm beigelegten Parteirechte auch dem Vormunde zu.

Ist er geisteskrank, so stehen seine Parteirechte dem Vormunde zu.

**§ 77. Angeklagten ist ein Verteidiger zu bestellen:

1. bei Hauptverhandlung vor Kriegsgericht und dem Militärhöchstgericht aufser in den Fällen des § 202;
2. bei Beweisaufnahmen und Ermittelungen nach § 153;
3. bei Vernehmung von Zeugen oder Ermittelungen. wo anzunehmen ist, dafs in der Hauptverhandlung der Akt als Beweis benutzt werden wird;
4. bei Terminen, die abgehalten werden, ohne dafs der Angeklagte gefangen gesetzt ist oder, wo er es ist, zum Termine gestellt ist;
5. bei Terminen, von denen der Angeklagte nach § 141, vgl. bürgerliches Strafprozefsgesetz § 278 Abs. 3, ausgeschlossen wurde.

Hat der Angeklagte vor Gericht oder bei Kriegsverhör ein vorbehaltloses Geständnis abgelegt, dessen Richtigkeit durch die sonst vorliegenden Ermittelungen in einer Sache, die nicht höhere Strafe als Gefängnis von 8 Jahren nach sich ziehen kann, bestärkt wird, so wird sowohl bei der Hauptverhandlung vor Kriegsgericht als bei besondern Beweisaufnahmen die Bestellung eines Verteidigers unterlassen, sofern nicht der Angeklagte dies begehrt. Ist Geldstrafe als Disziplinarstrafe durch Strafbefehl auferlegt, so ist Bestellung eines Verteidigers nicht notwendig.

§ 78. Ist ein Verteidiger nach § 77 nicht notwendig, aber wegen besonderer Beschaffenheit des Falles wünschbar, so soll ein solcher bestellt werden.

§ 79. Zum Auftreten als Verteidiger bestellt der König bei dem Militärhöchstgericht eine hinreichende Anzahl von Höchstgerichtsadvokaten und bei andern Gerichtshöfen eine hinreichende Anzahl von Anwälten oder andern geschäftstüchtigen Männern.

§ 80. Verteidiger für die einzelne Sache oder den einzelnen Termin werden beim Kriegsgericht vom Kriegsrichter und sonst vom Gerichtsvorsitzenden bestellt. Sind bei einem Gericht mehrere Verteidiger bestellt, so sind sie, von Hindernissen abgesehen, der Reihe nach zur Verteidigung in der Hauptverhandlung zu bestellen.

§ 81. In Kriegszeit oder wo sonst nicht Gelegenheit zu Bestellung eines der nach § 79 angestellten Verteidiger vorliegt, kann ein andrer geschäftskundiger Mann bestellt werden.

Gleiches gilt, wo ein Verteidiger verhindert ist oder ausbleibt, wo das Auftreten eines Verteidigers vorgeschrieben ist oder als notwendig erachtet wird.

§ 82. Falls es zu verläfslicher Wahrnehmung des Interesses des Angeklagten nötig erscheint, kann ein andrer Verteidiger statt des ursprünglich bestellten bestellt werden.

§ 83. Auf Verlangen des Angeklagten ist, wenn dies ohne Verzögerung der Sache oder erhöhte Ausgaben für den Staat möglich ist, ein andrer der bei Gericht nach § 79 angestellten Verteidiger als solcher für einen früher bestellten oder der Reihe nach dazu zu bestellenden heranzuziehen.

Unter gleicher Voraussetzung mufs, wo nicht die Umstände dies unrätlich machen, ein andrer Anwalt oder eine andre für die Verrichtung geeignet erachtete Person auf Verlangen des Angeklagten als Verteidiger bestellt werden.

§ 84. Die Bestimmungen der §§ 109, 110 und 112 des bürgerlichen Strafprozefsgesetzes finden entsprechende Anwendung.

§ 85. Dem bestellten Verteidiger gebührt Entschädigung aus der Staatskasse und wird nach § 81 des bürgerlichen Strafprozefsgesetzes bestimmt.

10. Kapitel.
Gerichtssitzungen und Gerichtsprotokolle.

§ 86. In Kriegszeit, auf Seezug und sonst in drängenden Fällen kann eine Gerichtssitzung am Feiertag und zu jeder Zeit des Tages abgehalten werden.

§ 87. Über die Öffentlichkeit der Gerichtssitzungen und öffentliche Wiedergabe der Verhandlungen gelten die Bestimmungen der §§ 113—116 des bürgerlichen Strafprozefsgesetzes.

Abgesehen von den dort erwähnten Fällen kann in Kriegszeit Ausschlufs der Öffentlichkeit beschlossen werden, wenn die Rücksicht auf Kriegsunternehmungen oder Sicherheit einer Militärabteilung oder andre besondere Gründe die Geheimhaltung erheischen.

§ 88. Besteht ein Militärgericht aus einem Einzelrichter, so sollen die Verhandlungen in Gegenwart von zwei Militärgerichtszeugen vor sich gehen.

Betreffs Militärgerichtszeugen gilt das in den §§ 31 und 32 über Richter bestimmte.

§ 89. Als Militärgerichtszeuge soll niemand verwendet werden, der

1. selbst durch das Verbrechen oder die Übertretung verletzt ist oder
2. Ehegatte des Angeklagten oder Verletzten ist oder

3. so nahe wie Geschwister mit einem dieser oder mit dem Richter, Gerichtsschreiber oder dem Vertreter des Staates, dem Angeklagten oder dem Verletzten verwandt oder verschwägert ist oder
4. im Privatdienste einer der genannten Personen steht.

§ 90. Soweit dies ohne besondere Schwierigkeit tunlich, sollen die Militärgerichtszeugen, wenn die gerichtliche Handlung gegen eine bestimmte Person gerichtet ist, gleichen oder höheren Grades als der Angeklagte oder als derjenige unter diesen sein, der dem Grade nach der höchste ist.

Gerichtszeugen werden nach Antrag des Richters von der nächsten oder einer der nächsten Abteilungen gestellt. Erscheint es zur Vermeidung nachteiliger Verzögerung geboten, so kann der Richter die Gerichtszeugen auf die für Zivilgerichtszeugen bestimmte Weise oder direktes Gebot berufen.

§ 91. Die Militärgerichtszeugen haben auf die Verhandlungen genau Obacht zu geben. Finden sie beim Verhör der Angeklagten oder von Zeugen, daſs Aufklärung bezüglich eines Punktes nicht gesucht wird, der für die militärische Beurteilung des Verhältnisses wichtig ist, so haben sie den Richter darauf aufmerksam zu machen. Gleiches gilt, wenn sie finden, daſs ein Zusatz zum Protokoll seitens des Richters über Vorgänge bei den Verhandlungen von einer unrichtigen oder ungenauen oder unvollständigen Auffassung zeugt.

Die Gerichtszeugen sollen vom Richter beim Beginne der Verhandlung mit ihren Pflichten bekannt gemacht und nach der Art von Zivilgerichtszeugen beeidet werden, wenn sie nicht schon vorher einen solchen Eid geleistet haben. Am Schluſs der Verhandlung werden sie befragt, ob sie etwas zur Verhandlung oder zu den Aufzeichnungen zu bemerken haben. Ihre Erklärung hierüber ist zu protokollieren.

§ 92. Sind Militärgerichtszeugen nicht rechtzeitig zu beschaffen, so können Zivilgerichtszeugen benutzt werden.

§ 93. Die Bestimmungen des bürgerlichen Strafprozeſsgesetzes §§ 119—120 über Gerichtspolizei, sowie die der §§ 121—123 über Abhörung durch Dolmetscher finden entsprechende Anwendung.

§ 94. Die Bestimmungen des bürgerlichen Strafprozeſsgesetzes §§ 124—127 und 129—132 über Protokolle usw. finden entsprechende Anwendung.

Die Vorschrift in § 126 über Protokollierung im Schöffen- und Schwurgericht findet Anwendung beim Kriegsgericht und beziehungsweise dem Militärhöchstgericht.

Im Kriegsgericht obliegt dem Kriegsrichter die in § 130 genannten Gesetzes erwähnte Entscheidung.

11. Kapitel.

Verbindung von Strafsachen, Gerichtsstand usw.

§ 95. Verfolgung gegen dieselbe Person wegen mehrerer strafbarer Handlungen oder gegen mehrere Personen als Mitschuldige an derselben strafbaren Handlung sind zu einer Sache zu verbinden, wenn dies ohne wesentliche Verzögerung oder Schwierigkeit tunlich ist.

Mit Zustimmung des Gerichts kann auch sonst die Verfolgung mehrerer strafbarer Handlungen zu einer Sache verbunden werden, ebenso wie mehrere verbundene Sachen nach dessen Befehl oder mit seiner Zustimmung getrennt werden können.

§ 96. Rücksichtlich des Gerichtsstandes für einzeln stehende gerichtliche Handlungen finden im allgemeinen die Bestimmungen in § 135 des bürgerlichen Strafprozeſsgesetzes Anwendung.

Besteht bei einer Jurisdiktion ein besonderes Militärverhörsgericht, so wird in der Regel der erwähnte Prozeſsakt in den zur Jurisdiktion gehörigen Sachen bei diesem vorgenommen, kann aber auch auf Verlangen bei einem andern Militärverhörsgericht erfolgen, wenn aus Rücksicht auf die Aufklärung der Sache oder Zeit- oder Kostenersparnis für jemanden dies wünschbar erscheint.

§ 97. Die Hauptverhandlung erster Instanz wird für Kriegsgericht in der Generaljurisdiktion oder Jurisdiktion abgehalten, deren Chef in der Sache anklageberechtigt ist.

§ 98. Die Bestimmungen der §§ 138—144 des bürgerlichen Strafprozeſsgesetzes finden entsprechende Anwendung.

§ 99. Ist vor Anklageerhebung der Befehl, die Genehmigung oder Bestimmung des Gerichts bezüglich Vornahme einer Handlung notwendig, so ergeht sie seitens des Militärverhörsgerichts dort, wo die Handlung vorgenommen ist oder vorzunehmen ist oder seitens des besondern Militärverhörsgerichts in der Jurisdiktion, deren Chef anklageberechtigt ist. Nach dem genannten Zeitpunkt ergeht sie in der Regel seitens des Gerichts, bei dem die Sache sich befindet.

Bei Gefahr im Verzuge kann der nötige Befehl oder betr. Genehmigung von jedem Militärverhörsgericht eingeholt werden.

12. Kapitel.

Verkündungen, Mitteilungen und Fristen.

§ 100. Die Bestimmungen der §§ 146—161 des bürgerlichen Strafprozeſsgesetzes finden mit folgenden Änderungen Anwendung:

Die Verkündung erfolgt durch einen Befehlshaber, einen Ladungszeugen oder einen Polizeibediensteten. Was in den genannten Paragraphen für Polizeibedienstete bestimmt ist, gilt auch für Befehlshaber, durch die eine Verkündung erfolgt.

Bei einer Abteilung der bewaffneten Macht aufser Landes kann die Verkündung nach den Vorschriften über Verkündung im Inlande geschehen.

In Kriegszeit ist sowohl der Angeklagte wie jede andere Person zum Erscheinen in jeder Gerichtssitzung nach mündlicher Ladung und ohne Verzug verpflichtet.

13. Kapitel.
Beratungen der Gerichte und Entscheidungen.

*§ 101. Die Bestimmungen der §§ 162—170 des bürgerlichen Strafprozefsgesetzes finden mit folgenden Änderungen entsprechende Anwendung:

Die für das allgemeine Höchstgericht gegebenen Vorschriften über Beratung und Abstimmung gelten auch für das militärische, doch so, dafs die zwei Offiziere ihre Stimme zunächst vor dem Justitiarius abgeben und in jedem Fall auslosen, wer zuerst von ihnen stimmen soll, sowie dafs im Fall einer erneuten Verhandlung die Abstimmung vor geschlossenen Türen vor sich geht.

Zu einer dem Angeklagten ungünstigen Entscheidung sind beim Kriegsgericht mindestens vier Stimmen erforderlich.

Im Kriegsgericht stimmt der Kriegsgerichtsrichter zuerst.

Von den Richtern stimmen die niederen Klassen vor den höheren. Richter gleicher Klasse stimmen in der durch Los bestimmten Ordnung.

14. Kapitel.
Zeugen.

§ 102. Zur Hauptverhandlung vor dem Militärhöchstgericht ist jeder aus dem ganzen Reiche als Zeuge zu erscheinen verpflichtet. Zur Hauptverhandlung vor Kriegsgericht ist dazu verpflichtet, wer in einer Entfernung vom Gerichtsort wohnt oder sich aufhält, zu dem er nicht über 600 km mit Eisenbahn, 300 km mit Dampfschiff oder 100 km in andrer Weise oder eine entsprechende Weglänge teils auf die eine, teils auf die andre Weise zurückzulegen hat.

Bei einem andern Militärgerichtshof ist als Zeuge verpflichtet zu erscheinen, wer in der Kaufstadt oder in dem Sprengel wohnt oder sich aufhält, sowie wo die Wegelänge nicht den dritten Teil der genannten übersteigt.

Erscheint es erheblich, dafs ein Zeuge zur Hauptverhandlung beim Kriegsgericht in Fällen erscheint, wo er dazu nach dem Vorstehenden nicht verpflichtet ist, kann das Gericht auf Antrag einer der Parteien seine Pflicht bezüglich Erscheinens ausdehnen. Doch soll Abschlufs einer Übereinkunft betreffs freiwilligen Erscheinens zuerst versucht werden, wenn dies ohne Verzögerung der Sache möglich ist.

*§ 103. Die Bestimmungen der §§ 172—189 des bürgerlichen Strafprozeſsgesetzes finden entsprechende Anwendung.

Geschieht die Zeugenladung zur Hauptverhandlung durch die Anwaltschaft, so geht die Ladung vom Kriegsadvokaten (Generalkriegsadvokaten) aus. Zu Gerichtssitzungen auſser der Hauptverhandlung erfolgt sie durch das Gericht.

Bei Dienstleistung des Zeugen in einer aufgebotenen Militärabteilung kann die Ladung anstatt in gewöhnlicher Form durch Verlesung beim Tagesbefehl erfolgen, wenn der Zeuge zugegen ist.

Beim Kriegsgericht besorgt der Kriegsrichter die nach § 182 des bürgerlichen Strafprozeſsgesetzes dem Gerichtsvorsitzenden obliegenden Geschäfte.

Militärpersonen in Dienstleistung während eines Krieges oder auf Seezug können wegen Verweigerung der Zeugen- oder Eidespflicht nicht ohne Genehmigung ihres Vorgesetzten gefangen gesetzt werden.

15. Kapitel.
Sachverständige und Augenschein.

§ 104. Die Bestimmungen der §§ 190—211 des bürgerlichen Strafprozeſsgesetzes finden entsprechende Anwendung.

Doch sollen, wenn Sachverständige zu gerichtlicher Untersuchung (vgl. § 201 des bürgerlichen Strafprozeſsgesetzes) vorgeladen werden, auch militärische Gerichtszeugen zugezogen werden, falls nicht die Sachverständigen die für Militärgerichtszeugen bestimmten Eigenschaften besitzen.

Gerichtliche Leichenschau (§ 211 des bürgerlichen Strafprozeſsgesetzes) findet beim Militärgericht nicht statt, falls nicht Grund zur Annahme vorliegt, es sei der Tod durch ein Verbrechen herbeigeführt, das unter Militärstrafgewalt gehört.

16. Kapitel.
Beschlagnahme.

§ 105. Die Bestimmungen der §§ 212—220 des bürgerlichen Strafprozeſsgesetzes finden entsprechende Anwendung, soweit in diesem Kapitel nicht das Gegenteil bestimmt ist.

§ 106. Die Beschlagnahme erfolgt durch das Gericht, Bedienstete der Militäranwaltschaft oder andre Militärbefehlshaber oder Wachtposten, Polizeibedienstete oder bei Ergreifung auf frischer Tat durch alle zur Ergreifung Berechtigten. Gegenüber Militärpersonen im Dienst soll jedoch Beschlagnahme nicht durch Polizeibedienstete oder Private vorgenommen werden, sofern diese ohne nachteilige Verzögerung durch einen militärischen Befehlshaber oder Wachtposten geschehen kann.

**§ 107. Die Bestimmung des § 214 des bürgerlichen Strafprozeſsgesetzes findet in Kriegszeit, wenn die Anklage auf Kriegsverrat oder Blofsstellung der Kriegsmacht lautet, keine Anwendung auf schriftliche Mitteilungen zwischen dem Angeklagten und den im § 176 No. 1—3 genannten Personen.

§ 108. Fällt fort.

§ 109. Für Öffnung und Durchsicht von Briefen und andern Postsendungen, Telegrammen und andern Papieren (vgl. bürgerliches Strafprozefsgesetz § 218) kann in Kriegszeit, wenn kein Kriegsrichter oder Militärverhörsrichter zur Stelle ist, der betreffende Kriegsadvokat oder ein anklageberechtigter Befehlshaber an Stelle des Richters treten, sofern Genehmigung von dem Gericht erteilt wurde, das die Beschlagnahme beschlossen hat oder in andern Fällen aus Rücksicht auf die Beschaffenheit der Sache besonders erforderlich erachtet wird, dafs sofort eine Öffnung und Durchsicht bewerkstelligt werde. Der Kriegsadvokat oder Befehlshaber hat solchenfalls die in § 219 des bürgerlichen Strafprozefsgesetzes erwähnten Verfügungen zu treffen.

Über die Verrichtung wird möglichst bald dem Gericht berichtet.

17. Kapitel.
Durchsuchung.

§ 110. Die Bestimmungen der §§ 221—227 des bürgerlichen Strafprozefsgesetzes finden entsprechende Anwendung, soweit in diesem Kapitel nicht das Gegenteil bestimmt ist.

§ 111. Abgesehen von den im bürgerlichen Strafprozefsgesetz §§ 222 und 223 genannten Häusern und Räumen kann unabhängig von den Bedingungen des § 221 und ohne Beschlufsfassung des Gerichts oder der Anwaltschaft Durchsuchung in Kasernen, Baracken, Kriegsfahrzeugen und andern Militärbauten und Räumen, sowie in einem Haus und Raum stattfinden, die unter besonderer Aufsicht der Militärbehörden stehen oder die Örtlichkeit eines Betriebes sind, zu dem die Genehmigung der Militärbehörden verlangt ist. Wer eine Durchsuchung vornehmen soll, hat sein Anliegen zuerst vor dem am Ort augenblicklich Höchstkommandierenden vorzubringen.

Befehlshaber und Polizeibedienstete, die zufolge Beschlusses einen Verdächtigen verhaften sollen, können zu diesem Zweck ohne besondere Ermächtigung Durchsuchung seiner Wohnung und Räume vornehmen.

§ 112. Die Durchsuchung erfolgt durch das Gericht, einen Anklageberechtigten oder sonstigen Militärbefehlshaber oder durch einen Polizeibediensteten. In militärischen Bauten und Räumen und bei Militärpersonen im Dienst ist sie vorzugsweise durch einen Militärbefehlshaber vorzunehmen.

Die Durchsuchung soll möglichst in Gegenwart von zwei zugezogenen Gerichtszeugen erfolgen, vorzugsweise aus Personen, welche die für Militärgerichtszeugen vorgeschriebenen Eigenschaften besitzen oder auf der Liste der Zivilgerichtszeugen stehen.

18. Kapitel.

Festnahme und Verhaftung.

§ 113. Jeder, der unter Militärstrafgewalt steht, kann festgenommen werden:

1. wenn er die öffentliche Ordnung stört oder sich des Ungehorsams oder grober Vernachlässigung der Disziplin schuldig macht und seine Verhaftung zur Aufrechterhaltung derselben nötig erscheint;
2. wenn er sich in Trunkenheit oder einem andern aufgeregten Zustand verfehlt, so daſs er Vorstellungen nicht zugänglich und sein Verhalten mit Grund befürchten läſst, er könne, falls er auf freiem Fuſse bliebe, dazu verleitet werden, sich an Vorgesetzten zu vergreifen oder zu sonstiger schwerer Verletzung der Disziplin.

**§ 114. Wer mit triftigem Grunde einer strafbaren Handlung verdächtig erachtet wird, für die eine höhere Strafe als Gefängnis von 6 Monaten zulässig ist, kann festgenommen werden

1. wenn er auf frischer Tat oder Spur betroffen oder verfolgt wird und seine Festnahme erforderlich scheint, um ihn an der Flucht zu hindern oder die Beweisführung zu sichern;
2. wenn wegen Höhe der Strafe oder sonstigen Grundes zu befürchten steht, er werde sich der Verfolgung oder Strafvollstreckung entziehen;
3. wenn sein Verhalten mit Grund befürchten läſst, er werde durch Vernichtung der Spuren der Tat oder Beredung mit Zeugen oder Mitschuldigen oder sonstwie die Beweisführung vereiteln oder
4. wenn Grund zur Befürchtung vorliegt, er werde die strafbare Handlung wiederholen oder eine strafbare Handlung vollenden, die er versucht oder gedroht hat.

**§ 115. Ohne Rücksicht auf die Höhe der Strafe kann der Verdächtige festgenommen werden

1. wenn er auf frischer Tat betroffen wird und von seinem strafbaren Handeln nicht absteht;
2. wenn er betroffen wird, wo er zu entweichen unternimmt oder nachweislich hierzu Vorbereitungen trifft oder
3. wenn er keinen bekannten festen Wohnsitz im Reiche hat oder ein Unbekannter ist, der sich nicht auszuweisen vermag und zu befürchten steht, er werde sich der Verfolgung oder der Strafvollstreckung entziehen.

§ 116. Gehört die strafbare Handlung zu denen, die allein auf Antrag des Verletzten von Amts wegen verfolgt werden, so kann eine Festnahme vor Stellung des Antrags nicht stattfinden, falls nicht zu befürchten steht, daſs Verzögerung den Zweck vereiteln werde und höchstwahrscheinlich ist, daſs der Antrag gestellt werden wird.

Der Verletzte oder, wo mehrere Verletzte sind, mindestens einer derselben, mufs unverzüglich von der Festnahme unterrichtet werden. Kann dies nicht geschehen oder wird ein Antrag nach erfolgter Unterrichtung nicht gestellt, soll der Festgenommene nach Umständen sobald als möglich sofort freigelassen werden.

§ 117. Festnahme wird von der Anwaltschaft oder vom Gericht beschlossen und entweder von dem anklageberechtigten Befehlshaber, der sie beschlofs, oder einem andern vorgesetzten Befehlshaber oder einem sonst besonders dazu ermächtigten bewerkstelligt.

Der Beschlufs soll möglichst genau die Person des Verdächtigen bezeichnen und die strafbare Handlung angeben, der er angeklagt wird, den Ort, an den er gebracht werden soll und einen anklageberechtigten Befehlshaber oder Kriegsrichter oder Militärverhörsrichter, vor den er gestellt werden soll.

Ist der Befehlshaber oder Richter, vor den er zu bringen ist, ein andrer als derjenige, der den Beschlufs fafste, so soll ein Doppel oder schriftliche Darstellung mit der Mitteilung über den Grund zur Festnahme sowie andern vorliegenden Ermittelungen sofort ihm übersendet werden.

Hat ein anklageberechtigter Befehlshaber Festnahme in Gegenwart des Festzunehmenden unmittelbar, nachdem er die Erklärung des § 122 über die strafbare Handlung aufgenommen hatte, beschlossen, so kann er sofort nach § 123 verfahren, ohne fernere Vorstellung des Festgenommenen vor einen andern Befehlshaber anzuordnen.

§ 118. Kann ein Beschlufs der Anwaltschaft oder des Gerichts nicht ohne Gefahr abgewartet werden, so ist Festnahme ohne solchen Beschlufs zulässig:

1. durch den Vorgesetzten des Verdächtigen oder in dessen Abwesenheit eines andern dem Verdächtigen vorgesetzten Befehlshabers oder bei Nichtmilitärs jedes Befehlshabers;
2. durch eine Militärwache, Ronde, Patrouille, Schildwache oder andre zur Sicherheit oder Aufrechterhaltung der Ordnung ausgesendete Militärabteilung oder Soldaten, sofern die Festnahme durch Verletzung der militärischen Ordnung oder andre strafbare Handlungen begründet ist, die der erwähnte Wachtposten seiner Instruktion gemäfs abzuwehren hat;
3. durch Polizeibedienstete, wenn das Verbrechen oder die Übertretung im bürgerlichen Strafgesetz mit Strafe belegt ist oder in Flucht, ungesetzlichem Fortbleiben oder sonstiger Kriegsdienstverweigerung besteht und solchenfalls durch jedermann, wenn der Verdächtige auf frischer Tat oder Spur betroffen oder verfolgt wird. Ist der Verdächtige diensttuender Militär, soll doch die Festnahme nicht von einem Polizeibediensteten oder Privaten vorgenommen werden, wenn sie ohne Nachteil später durch einen militärischen Befehlshaber oder Wachthabenden erfolgen kann.

§ 119. Bei der Festnahme, oder sobald dies möglich, soll der etwa ausgestellte schriftliche Beschlufs auf Verlangen dem Festgenommenen vorgewiesen oder vorgelesen werden, wobei dieser in Friedenszeit das Recht hat, eine Abschrift davon zu fordern.

§ 120. Die Festnahme hat mit der Schonung zu geschehen, die der Zweck gestattet.

Waffen wie andre Gegenstände des Festgenommenen, die zur Gewalt oder Entweichung benutzt werden können, werden ihm weggenommen und es kann persönliche Durchsuchung vorgenommen werden, wenn mit Grund bei ihm Besitz solcher Gegenstände zu vermuten ist.

§ 121. Der Festgenommene ist möglichst bald vor den im Beschlufs bestimmten Befehlshaber oder Richter oder in Ermangelung eines Haftbefehls vor den nächsten anklageberechtigten Befehlshaber zu bringen.

Wo dies mit grofser Schwierigkeit verbunden wäre, kann an Stelle dessen Verbringung vor den nächsten Militärverhörs- oder Kriegsrichter erfolgen.

Kann die Verbringung vor den genannten Befehlshaber nicht spätestens einen Tag nach der Ergreifung erfolgen, so kann der Festgenommene seine möglichst baldige Vorführung vor den nächsten Militärverhörsrichter oder Kriegsrichter fordern.

Erfolgt die Festnahme durch einen Privatmann, so soll dieser wenn nach dem Vorstehenden die Vorführung nicht unverzüglich geschehen kann, den Festgenommenen dem nächsten Befehlshaber, Polizei- oder Gefängnisbediensteten übergeben, der dann beschliefst, ob die Festnahme vorläufig aufrechtzuerhalten sei und sich dann zu verhalten hat, wie wenn er selbst die Festnahme bewirkt hätte.

§ 122. Die Behörde, der der Ergriffene vorgeführt wird, soll in einer Sitzung oder in Gegenwart von Zeugen die Erklärung desselben entgegennehmen und die Ermittelungen einziehen, zu denen sich im übrigen Anlafs bietet, sowie die abgegebenen Erklärungen und den gefafsten Beschlufs aufzeichnen.

§ 123. Der anklageberechtigte Befehlshaber, dem der Festgenommene vorgeführt wird, beschliefst darüber, wieweit die Festnahme vorläufig aufrechterhalten werden oder Freilassung mit oder ohne Bedingungen erfolgen soll.

Scheint sich die Sache nicht zu disziplinarer Ahndung zu eignen, ist der Festgenommene, wenn er nicht freigelassen wird, möglichst bald dem nächsten Militärverhörs- oder Kriegsrichter oder, wenn schon gerichtliche Verfolgung eingeleitet war (§ 125), dem Gericht vorzuführen.

Eignet sie sich dagegen zu disziplinarer Ahndung, so erfolgen unverzüglich die nötigen Schritte hierzu. Ist die Sache nicht binnen 3 Tagen nach Ergreifung erledigt, so kann der Festgenommene, wenn er nicht freigelassen wird, seine möglichst baldige Vorführung vor den nächsten Militärverhörs- oder Kriegsrichter fordern.

§ 124. Ist der Richter, vor den die Vorführung nach §§ 121 oder 123 erfolgte, nach § 125 nicht zur Entscheidung der Frage berechtigt, ob der Festgenommene der Untersuchungshaft zu unterwerfen, so beschliefst er, ob die Festnahme vorläufig aufrecht zu erhalten sei oder Freilassung mit oder ohne Bedingungen erfolgen solle. Wird der Festgenommene nicht freigelassen, so ist er möglichst bald dem zuständigen Gericht vorzuführen und diesem Auszug des Protokolls nebst den vorgelegten Schriftstücken zuzustellen.

Hierüber wird unverzüglich der Anwaltschaft berichtet, soweit sie nicht hierbei zur Stelle war.

§ 125. Ob der Festgenommene in Untersuchungshaft zu nehmen ist, wird durch Erkenntnis des Gerichts, vor welchem die gerichtliche Verfolgung eingeleitet ist, entschieden. Ist ein Urteil gefällt und die Sache nicht vor ein höheres Gericht gebracht, so gebührt die Entscheidung dem Gericht, das in der Sache geurteilt hat. Ist gerichtliche Voruntersuchung noch nicht eingeleitet, so erfolgt die Entscheidung durch den Richter, dem der Festgenommene zufolge Festnahmebeschlusses oder gemäfs §§ 121 oder 123 vorgeführt wurde. Der nächste Militärverhörs- oder Kriegsrichter kann auch sonst die Entscheidung treffen, wenn die Vorführung des Festgenommenen vor das Gericht, bei dem die Verfolgung stattfindet oder stattfand, mit grofser Unbequemlichkeit verbunden wäre; doch soll Auszug des Protokolls und der Schriftstücke der Sache diesem unverzüglich eingesendet werden.

Das Erkenntnis wird möglichst vor Schlufs der Gerichtssitzung gefällt und sofort oder baldigst dem Festgenommenen mitgeteilt, der Mitteilung eines Auszuges binnen 24 Stunden verlangen kann.

Von dem Erkenntnis wird auch unverzüglich der Anwaltschaft Mitteilung gemacht, wenn diese nicht bei Fällung desselben zugegen war.

§ 126. Untersuchungshaft kann nur verhängt werden:

1. wenn die Verhältnisse des Festgenommenen weiter besonders befürchten lassen, dafs er freigelassen an Vorgesetzten sich vergreifen oder einer andern Verletzung der militärischen Disziplin schuldig machen werde oder
2. wenn ferner besondere Verdachtsgründe gegen den Festgenommenen und eine der in § 114 No. 2, 3 oder 4 oder § 115 No. 2 oder 3, vgl. § 116 genannten Bedingungen für Festnahme vorliegen.

§ 127. Ohne vorausgegangene Festnahme kann ein Hafterkenntnis gegen einen in der Sitzung anwesenden Verdächtigen ergehen, nachdem ihm Gelegenheit gegeben worden ist, sich darüber auszusprechen.

§ 128. In Kriegszeit kann das Gericht Ergreifung oder Verhaftung von diensttuenden Militärs nicht ohne Antrag der Militäranwaltschaft beschliefsen.

§ 129 fällt fort.

§ 130. Die Haft wird aufgehoben, sobald die Gründe für sie fortfallen.

Der Beschlufs über Aufhebung der Haft wird durch die Anwaltschaft gefafst, kann aber auch von Amts wegen oder auf Antrag des Angeklagten durch das Gericht gefafst werden, dem es nach § 125 zustände, ein Hafterkenntnis zu erlassen.

Wird der Angeklagte freigesprochen, so ist er sofort freizulassen, falls nicht die Anwaltschaft vor Ausführung der Freilassung eine Berufungserklärung oder das Begehren einer erneuten Verhandlung vor höherem Gericht abgibt und das freisprechende Gericht auf das Begehren hin Fortdauer der Haft beschliefst.

Ein Erkenntnis, durch das Verhaftung oder Freilassung beschlossen ist, kann jederzeit umgestofsen werden.

§ 131. Für Sicherheitsstellung und andre Mafsregeln, die an Stelle der Haft treten, gelten die Bestimmungen des § 245, § 246 Abs. 1 und 3, wie die §§ 247 und 248 des bürgerlichen Strafprozefsgesetzes.

Beschlüsse über Anwendung solcher Mafsregeln ergehen, wenn darüber die Anwaltschaft und der Angeklagte uneins sind, ebenso solche über deren Fallenlassen, wo dies nicht die Anwaltschaft tut, und über Verwirkung der Sicherheitsleistung durch den nach § 125 zu einem Hafterkenntnis zuständigen Gerichtshof.

**§ 132. Die Bestimmungen über Steckbriefe in § 250 des bürgerlichen Strafprozefsgesetzes finden entsprechende Anwendung.

19. Kapitel.
Ladung des Angeklagten vor Gericht und Vernehmung.

*§ 133. Die Bestimmungen der §§ 251—252, § 253 mit Ausnahme des letzten Satzes sowie der §§ 254—261 des bürgerlichen Strafprozefsgesetzes finden entsprechende Anwendung.

Ladung zur Hauptverhandlung erfolgt durch den Kriegsadvokaten (Generaladvokaten), zu anderen Sitzungen durch das Gericht.

Eine in Kriegszeit oder auf Seezug diensttuende Militärperson kann nicht gemäfs § 254 des bürgerlichen Strafprozefsgesetzes ohne Genehmigung ihres Vorgesetzten vorgeführt oder gefangen gesetzt werden.

20. Kapitel.
Nachforschung.

§ 134. Wer als Befehlshaber durch Anzeige oder sonstwie von einer strafbaren Handlung Kenntnis erhält, die unter Militärstrafgewalt gehört und von einer unter seinem Befehl stehenden Person verübt ist, hat unverzüglich darauf bezügliche Nachforschung vorzunehmen oder anzuordnen.

Bei mündlicher Anzeige soll der Empfänger diese sofort aufzeichnen und sich das Zugeständnis ihrer Richtigkeit vom Anzeiger verschaffen. Die Aufzeichnung kann unterbleiben, wenn es sich um geringe militärische Übertretungen handelt, die sofort oder vermutlich binnen 24 Stunden disziplinarisch erledigt werden.

§ 135. Der Zweck der Nachforschung ist, Aufklärungen herbeizuschaffen, die für die Bestimmung hinreichend sind, ob Disziplinarstrafe zu verhängen oder gerichtliche Verfolgung gegen eine bestimmte Person durch Anklagebeschlufs einzuleiten sei.

Daneben sind geeignetenfalls weitere Ermittelungen anzustellen, die etwa erforderlich wären zur Vorbereitung der Beweisung sowohl von seiten des Anklägers als der Verteidigung, oder für Entscheidung der Frage über Verhaftung oder Freilassung des Angeklagten.

Beweise, deren Verlust sonst zu befürchten, sind aufzunehmen. Eben dies gilt für Beweiserhebungen, die sich nicht für die Hauptverhandlung eignen, falls sie zur Hand sind oder bedeutender Zeitverlust oder Kosten dadurch vermieden werden können.

Scheint gerichtlicher Augenschein wünschbar, so ist der vorgefundene Zustand möglichst unverändert zu erhalten, bis gerichtliche Schritte geschehen können.

§ 136. Hängt die Anklage von einer besonderen Ermächtigung ab, so hat die Anwaltschaft unverzüglich dem Betreffenden mitzuteilen, was zu ihrer Kenntnis gelangte und inzwischen unaufschiebbare Schritte vorzunehmen.

Hängt die Anklage vom Antrag eines Privaten ab, so kann die Anwaltschaft, wenn mit Grund anzunehmen ist, der Verletzte begehre nicht Anklageerhebung, weil die Tat ihm unbekannt ist, ihn von den zu Tage getretenen Tatsachen unterrichten, ohne weitere Nachforschungen vorzunehmen, bevor nicht ein Antrag vorliegt. Ist überwiegend wahrscheinlich, dafs Anklage wird begehrt werden, können unaufschiebbare Nachforschungsschritte vor Eingabe des Antrags erfolgen.

Ist anzunehmen, dafs Anklage in diesem Fall in Rücksicht auf § 66 No. 3 unterbleiben wird, sind bis zu dieser Entscheidung nur die Schritte vorzunehmen, die nicht ohne Schaden aufgeschoben werden können.

*§ 137. Die Anwaltschaft kann zum Zweck der Nachforschung Aufklärungen einziehen und aufzeichnen lassen. In Kriegszeit können auch andere Personen als Militärs zur Abgabe einer Aufklärung beordert werden.

Die Ermittelung ist vom Generaladvokaten oder einem Kriegsadvokaten (Kriegsverhör) einzuziehen und wird im Beisein von zwei Zeugen aufgenommen, die das Protokoll mitunterzeichnen. Für diese Zeugen gelten die Bestimmungen der §§ 89—91 für Gerichtszeugen. Wenn möglich, ist ein eigentlicher Protokollführer zu verwenden.

*§ 138. Die Anwaltschaft kann beim Gericht die Vornahme der in Kapitel 14—19 erwähnten Schritte begehren, für die sie nicht selbst zuständig ist oder die nach ihrer Ansicht zweckmäfsig vom Gerichte vorgenommen werden.

Ging das Begehren von jemand anderem als dem Generaljurisdiktionschef oder Jurisdiktionschef aus, oder betrifft es einen der Schritte der Kapitel 16, 17 und 18, so prüft das Gericht in jeder Beziehung, ob das Begehren hinlänglich begründet ist. Gleiches gilt, wenn es von einem Generaljurisdiktionschef oder einem Jurisdiktionschef ausging, falls der Generaladvokat oder Kriegsadvokat das Begehren nicht mitunterzeichnet hat oder sichtlich nicht einig darin ist.

Sonst hat das Gericht dem Begehren zu entsprechen, soweit es nicht findet, daſs das Verhalten, das den Gegenstand der Nachforschung bildet, nicht strafbar ist oder kein gesetzlicher Grund vorliegt, ihm nachzukommen.

Weigert sich das Gericht, dem Begehren zu entsprechen, so geschieht dies durch Erkenntnis.

§ 139. Angeklagte wie Verdächtigte, gegen die eine Nachforschung begonnen ist, können bei Gericht die Vornahme von Prozeſsakten zur Entkräftung des Verdachtes beantragen.

Das Gericht schlägt das Begehren ab, wenn es dieses nicht genügend begründet erachtet.

§ 140. Das Gericht hat von sich aus nicht ohne Schaden aufschiebbare Schritte vorzunehmen, sowie was in Verbindung mit andern Prozeſsakten zweckmäſsig geschehen kann.

Im übrigen erstreckt sich seine Tätigkeit nicht über das Begehren hinaus und wird eingestellt, wenn das Begehren zurückgezogen wird.

§ 141. Auf Gerichtssitzungen während des Ermittelungsstadiums finden die §§ 272, 275 Abs. 1 und 277 bis 280 des bürgerlichen Strafprozeſsgesetzes entsprechende Anwendung.

**§ 142. Hat der Angeklagte in einem Verfahren wegen einer nach Militärstrafgesetz strafbaren Handlung, die keine höhere Strafe als Gefängnis von 3 Jahren nach sich ziehen kann, oder wegen eines Zivilverbrechens, oder solcher Übertretung, die nach Zivilstrafprozeſsregeln unter Schwurgericht fiele, vor Gericht ein vorbehaltloses Geständnis abgegeben, dessen Richtigkeit durch die übrigen vorliegenden Ermittelungen bestärkt wird, so kann die Sache auf Antrag der Militäranwaltschaft und Zustimmung des Angeklagten vom Verhörsgericht ohne Anklagebeschluſs zur Aburteilung gebracht werden.

Doch soll dies nicht geschehen, wo die Sache vermutlich in Verbindung mit andern zu beurteilen ist, oder der Richter annimmt, daſs Grund zur Unterlassung der Anklage nach § 66 vorliegt.

21. Kapitel.

Anklagebeschluſs.

§ 143. Ist die Sache genügend vorbereitet, so wird unverzüglich Beschluſs darüber gefaſst, ob Anklage zu erheben sei.

**§ 144. Wird erachtet, daſs Anklage zu erheben ist, aber angenommen, daſs zur Zeit die Sache nicht weitergeführt werden solle, entweder weil der Angeklagte geisteskrank oder sein Aufenthalt unbekannt ist, oder er sich im Ausland aufhält, so wird die Sache vorläufig eingestellt.

Im letzten Fall kann die Anwaltschaft den Angeklagten hiervon benachrichtigen und ihn auffordern, sich zur Entgegennahme des Urteils einzustellen.

Ist die Sache vorläufig eingestellt, so hindert dies Beweiserhebungen nach den Regeln in § 153 nicht, wenn Verlust von Beweisen zu befürchten ist.

*§ 145. Der Anklagebeschlufs hat anzugeben, vor welchen Gerichtshof die Sache gebracht werden soll, und den Namen oder eine genaue Bezeichnung der Person des Angeklagten zu enthalten.

Er soll kurz, aber möglichst unter genauer Zeit- und Ortsangabe, Bezeichnung des Gegenstandes und ähnlichem die Handlung schildern, wegen deren Anklage erhoben wird, mit Hervorhebung der gesetzlichen Merkmale und Hinweis auf die betreffenden Strafbestimmungen, die vermutlich werden in Anwendung kommen.

Der Anklagebeschlufs soll vom Generaladvokaten oder Kriegsadvokaten, der bei seiner Ausfertigung mitgewirkt hat (§ 54 Abs. 2), mitunterzeichnet werden.

**§ 146. Der Vertreter der Anwaltschaft kann während der Hauptverhandlung durch Vermerk auf dem Anklagebeschlufs

1. Versehen betreffend Benennungen, Zeitangaben, Schilderung der gesetzlichen Merkmale der Handlung und ähnliche Umstände verbessern, und
2. mit Genehmigung des Gerichts die Anklage auf andere strafbare Handlungen, als die im Anklagebeschlufs erwähnten, ausdehnen, soweit dies nicht zur Anwendung einer strengeren Strafbestimmung führen kann, und der Angeklagte entweder darein gewilligt oder ein vollständiges und glaubwürdiges Geständnis abgegeben hat.

Sollte die Anklage zufolge der vorgenommenen Berichtigung oder Ausdehnung nicht mit dem Gegenbeweis und mit der Verteidigung, auf welche sich der Angeklagte vorbereiten konnte, erledigt werden können, kann derselbe eine passende Aussetzung verlangen.

22. Kapitel.
Vorbereitung zur Hauptverhandlung vor Kriegsgericht.

§ 147. Sobald Anklageerhebung beschlossen, sorgt die Anwaltschaft nötigenfalls für Bestellung eines Verteidigers für den Angeklagten.

Der Anklagebeschlufs soll unverzüglich dem Angeklagten unter der Angabe, wer für ihn die Verteidigung zu führen hat, mitgeteilt werden.

§ 148. Hat der Angeklagte einen Verteidiger, so wird diesem gleichzeitig ein Doppel des Anklagebeschlusses mit den Aktenstücken der Sache mitgeteilt, wichtige Dokumente jedoch in der Regel nur in Abschrift, mit Angabe der zu benutzenden Beweise, der Art, wie sie herbeigeschafft werden sollen, was mit ihnen erwiesen erachtet wird, wann und und wo die Sache angebracht werden soll.

Dokumente, die zurückbehalten werden und andere sichtbare Beweise werden, soweit möglich, auf zweckmäſsige und zuverlässige Art zugänglich gemacht.

§ 149. Der Verteidiger hat unverzüglich auf zweckmäſsige Weise, doch möglichst ohne besondere Kosten für den Staat, mit dem Angeklagten in Beratung zu treten. Innerhalb einer von der Anklagebehörde festgesetzten Frist, die vom Kriegsrichter auf Antrag verlängert werden kann, wo besondere Gründe dafür zu sprechen scheinen, soll er sodann die Akten letzterem übersenden unter Angabe, welche Zeugen er seinerseits laden oder geladen wissen will, welche Beweise er im übrigen benutzen will, wie sie beschafft werden sollen, was er mit seinen Zeugen und sonstigen Beweisen erweisen will, und wie weit er mit dem Vorschlag über Zeit und Ort für die Verhandlung der Sache einig geht. Ein Doppel dieser Mitteilung wird gleichzeitig der Anwaltschaft zugestellt.

Auf Dokumente und andere sichtbare Beweise, die nicht beigelegt werden können, findet die Bestimmung des Abs. 2 des vorigen Paragraphen Anwendung.

Bei Übersendung der Akten kann der Verteidiger die ihm in Abschrift zugestellten Dokumente behalten. Von anderen Dokumenten und Gerichtsakten nimmt er selbst die nötigen Abschriften.

§ 150. Findet der Verteidiger

1. daſs vor Weiterführung der Sache durch gerichtliche Voruntersuchung besonders bezeichnete Ermittelungen zur Beseitigung des Verdachts oder zum Nachweis der Straflosigkeit herbeigeschafft werden sollten, oder
2. daſs die von ihm bezeichneten Beweise von der Anwaltschaft erhoben werden sollten, oder
3. daſs Beweise, die er zu benutzen beabsichtigt, auf andere als die angegebene Weise erhoben werden sollten,

so hat er gleichzeitig dies zu beantragen. Ein Doppel des Antrags wird sofort der Anwaltschaft zugestellt.

Nimmt der Verteidiger an, daſs die Sache, wie sie angelegt ist, nicht fortgeführt werden kann, oder daſs die Anwaltschaft einen auſser der Beweisfrage liegenden Umstand, wegen dessen der Angeklagte nicht verurteilt werden kann, übersehen hat, so hat er sie hierauf aufmerksam zu machen.

§ 151. Hat der Angeklagte keinen Verteidiger, so sendet die Anwaltschaft die Akten mit den in § 148 genannten Mitteilungen an den Kriegsrichter, der untersucht, ob andere oder mehr Ermittelungen als angeführt beschafft werden sollen und demzufolge den Angeklagten zum Erscheinen vorfordern kann. Bei Zustellung des

Anklagebeschlusses soll dem Angeklagten mitgeteilt werden, welche Beweise die Anwaltschaft vorzuführen beabsichtigt.

§ 152. Der Kriegsrichter sendet die Akten an die Anwaltschaft zurück mit Benachrichtigung darüber, was er ohne oder nach gestelltem Antrag zur Aufklärung der Sache zu tun beschliefst.

Hiervon wird auch der Verteidiger oder der Angeklagte, der keinen Verteidiger hat, benachrichtigt.

Gegen die Entscheidung des Kriegsrichters über einen vom Verteidiger oder dem Angeklagten gestellten Beweisantrag ist Berufung oder Beschwerde ausgeschlossen.

§ 153. Kann ein Beweis entweder gar nicht oder nicht ohne unverhältnismäfsige Beschwerde oder Kosten in der Hauptverhandlung erhoben werden oder diese Erhebung nicht ohne Gefahr bis zu dieser verschoben werden, läfst die Anwaltschaft ihn auf Verlangen des Kriegsrichters oder von sich aus vorher aufnehmen. Hält sie Terminsansetzung unnötig, so teilt sie dies dem Gericht mit, welchen Falls der Rechtsakt ohne besondern Termin vorgenommen werden kann, wenn deutlich genug bezeichnet ist, welche Aufklärung erstrebt wird.

Begehrt die Anwaltschaft eine solche Beweisaufnahme, so hat sie gleichzeitig die Gegenpartei davon zu unterrichten.

Auf die Beweisaufnahme findet im übrigen, soweit nichts andres bestimmt ist, § 277 des bürgerlichen Strafprozefsgesetzes Anwendung.

Abschrift der Beweisaufnahme ist möglichst bald der Anwaltschaft und dem Verteidiger oder dem Angeklagten, wenn er keinen solchen hat, mitzuteilen.

§ 154. Beschliefst eine der Parteien andre Beweise als die bereits angegebenen zu benutzen oder einen dieser fallen zu lassen, oder Beweise in andrer Weise zu beschaffen oder zu benutzen als angegeben, so soll die Gegenpartei und der Kriegsrichter nach den Vorschriften in §§ 148 und 149 benachrichtigt werden.

§ 155. Der Kriegsrichter setzt Zeit und Ort für die Verhandlung der Sache fest.

Diese Verfügung wird der Anwaltschaft oder einer von ihr angegebenen Person übersendet und ein Doppel dem Verteidiger oder dem Angeklagten, der einen solchen nicht hat, und nötigenfalls zugleich der Anwaltschaft zugestellt.

§ 156. Die Anwaltschaft sorgt dafür, dafs der Angeklagte und Zeugen, die nicht auf freiem Fufse sind und ein Angeklagter, gegen den der in § 254 des bürgerlichen Strafprozefsgesetzes behandelte Beschlufs gefafst ist (vgl. § 133 oben), rechtzeitig an den Gerichtsort gebracht werden.

§ 157. Hat der Angeklagte vor Gericht ein unumwundenes Geständnis abgegeben, dessen Richtigkeit mit Grund nicht zu bezweifeln ist, so sollen im allgemeinen nur die Personen als Zeugen vorgeladen werden, die Erklärungen abgeben können, die unmittelbar die Verübung der Tat selbst oder die gröfsere oder geringere Schuld des Angeklagten betreffen. Ist anzunehmen, dafs mehrere Personen eine gleiche und übereinstimmende Erklärung über die Sache oder einen einzelnen Punkt derselben abgeben werden, so dürfen nur so viele vorgeladen werden, als nötig erscheint.

§ 158. Will der Angeklagte oder sein Verteidiger Zeugen zur Hauptverhandlung laden, so ist die gesetzliche Bezahlung entweder durch Vorschufs oder Hinterlegung bei der Anwaltschaft zu leisten, die auf der Ladung dies bezeugt. Erachtet die Anwaltschaft oder das Gericht die Ladung begründet, so werden die Auslagen vom Staat vergütet.

23. Kapitel.
Hauptverhandlung vor Kriegsgericht.

§ 159. Die Hauptverhandlung ist mündlich. Schriftliches Verfahren ist nur in dem vom Gesetz bestimmten Umfange zulässig. Alle mündlichen Erklärungen sind frei vorzutragen.

§ 160. Der Kriegsrichter leitet die Verhandlung und trägt Sorge dafür, alles zu entfernen, was sie unnötigerweise in die Länge zöge.

Er kann, soweit nicht das Gegenteil bestimmt ist, die weitere Verhandlung über Fragen, die er für genügend erörtert hält, abschneiden.

Über Einsprachen gegen seine Leitung entscheidet das Gericht.

§ 161. Die Anwaltschaft kann sich des Erscheinens enthalten, wenn ein Verteidiger wegen vorbehaltlosen Geständnisses des Angeklagten unnötig ist.

Bleibt sie sonst bei Beginn der Verhandlung oder in derem Laufe aus, so wird die Sache ausgesetzt, falls nicht die Umstände gestatten, an deren Stelle jemanden zu bestellen, der sofort die Stelle ausfüllen kann.

Gleiches gilt, wenn kein Verteidiger zur Stelle ist, wo solcher notwendig ist; doch kann eine Freisprechung erfolgen und eine unzweifelhaft, wie anzunehmen, dazu führende Verhandlung fortgesetzt oder durchgeführt werden, selbst wenn kein Verteidiger anwesend ist.

§ 162. Der Angeklagte soll zur Stelle sein, solange er das Wort ergreifen darf. Doch kann ihm gestattet werden, sich zu entfernen, nachdem er vernommen worden und zwar bis zur Urteilsfällung. Verläfst er ohne Einwilligung des Gerichts die Gerichtsstelle, so kann die Verhandlung unter allen Umständen fortgesetzt werden, sofern nicht seine Anwesenheit zur Aufklärung der Sache nötig erachtet wird.

*§ 163. Soweit das Gericht Anwesenheit des Angeklagten nicht behufs Aufklärung der Sache nötig erachtet, kann die Verhandlung durchgeführt oder fortgeführt werden trotz Abwesenheit des Angeklagten, wenn

1. die Sache ungesetzliches Fortbleiben oder Fahnenflucht betrifft oder

2. die Sache eine strafbare Handlung betrifft, die keine höhere Strafe als Gefängnis von 1 Jahr nach sich ziehen kann, und der Angeklagte darein gewilligt hat oder ausgeblieben ist, ohne dafs eine gesetzliche Hinderung bei ihm anzunehmen wäre oder
3. der Angeklagte nach Zustellung des Anklagebeschlusses entwichen ist.

Unter allen Umständen kann ein freisprechendes Urteil über einen Ausgebliebenen gefällt und eine Verhandlung in Abwesenheit des Angeklagten fortgeführt oder durchgeführt werden, wo sie unzweifelhaft zur Freisprechung führen mufs.

§ 164. Auch bei Aussetzung der Hauptverhandlung kann das Gericht auf der Stelle alle Beweise aufnehmen lassen, die sonst verloren gehen könnten oder wo zu befürchten, dafs deren spätere Aufnahme weniger befriedigend ausfallen müfste.

§ 165. Das Gericht kann beschliefsen, dafs ein Angeklagter den Gerichtssaal verläfst, während ein Zeuge oder ein Mitschuldiger vernommen wird, wenn aus besondern Gründen zu befürchten ist, dafs sonst eine wahrheitsgetreue Erklärung nicht zu erzielen wäre.

Ist ein Angeklagter demzufolge abgetreten, so ist er bei Wiederzulassung in den Gerichtssaal mit dem inzwischen Vorgefallenen bekannt zu machen.

§ 166. Wird ein Angeklagter im Hinblick auf § 119 des bürgerlichen Strafprozefsgesetzes (§ 93 dieses Gesetzes) entfernt, so kann die Verhandlung doch fortgesetzt werden, wenn das Gericht eine Aussetzung unnötig hält. Der Angeklagte ist solchenfalls, sobald sein Betragen dies ermöglicht, wieder in den Gerichtssaal zu führen und mit dem inzwischen Vorgefallenen bekannt zu machen.

**§ 167. Wo dies zweckmäfsig erachtet wird, kann das Gericht in einer Sache, die mehrere strafbare Handlungen oder mehrere Angeklagte betrifft, Verhandlung und Entscheidung für jede einzelne Handlung oder jeden einzelnen Angeklagten getrennt vor sich gehen lassen.

§ 168. Bei Beginn der Gerichtssitzung ruft der Kriegsrichter die Sache auf, sowie die Richter, die sitzen sollen. Er fordert die Richter und Parteien auf, anzugeben, ob einer der Richter vielleicht nicht sitzen kann, entweder weil die Aufstellung der Liste oder Auslosung der Richter den gesetzlichen Regeln widerspricht oder weil er der allgemeinen Eigenschaften entbehrt, um als Richter Dienst tun zu können oder wegen Untauglichkeit in vorliegender Sache davon ausgeschlossen ist.

§ 169. Der Kriegsrichter redet sodann die Richter folgendermafsen an: „Schwört Ihr, auf alles was im Gericht verhandelt wird, gut acht geben zu wollen und in der Sache urteilen und entscheiden zu wollen, wie Ihr es nach Gesetz und Beweisführung in der Sache am wahrsten und richtigsten erachtet?" Die Richter sollen dann stehend und mit erhobener Rechten einzeln antworten: „Das schwöre ich, so wahr mir Gott der Allmächtige und Allweise helfe.“

Richter, die sich nicht zur christlichen oder jüdischen Religion bekennen oder deren Glaubensbekenntnis den Eid in obiger oder andrer vorgeschriebener Form nicht zuläſst, legen ein Gelöbnis auf Ehre und Gewissen ab.

Richter, die früher in gleicher Sitzung Eid oder Gelöbnis abgelegt haben, brauchen dies nicht wiederholen.

§ 170. Darauf wird der Anklagebeschluſs verlesen und der Angeklagte nach Namen, Alter, Stellung und Wohnsitz befragt, auch ob er sich des im Anklagebeschluſs erwähnten Verhaltens schuldig erklärt oder die darin erwähnte Handlung verübt hat; zugleich wird er aufgefordert, mit Aufmerksamkeit der Verhandlung zu folgen.

Zeugen und Sachverständige werden aufgerufen; dann teilt der Kriegsrichter mit, was er zur Sicherung der Beweisführung anzuordnen für notwendig erachtet.

§ 171. Entsteht die Frage, ob einer der in der Sachverhandlung Mitwirkenden ausscheiden muſs oder ob die Sache oder ein Teil derselben oder ein beantragter Rechtsakt vorgenommen werden soll, kann die Verhandlung darauf begrenzt werden, bis die Frage entschieden ist.

Mängel, welche die Fortführung der Sache hindern, sollen, wenn möglich, sofort beseitigt und die hierzu nötige Aussetzung bewilligt werden.

Einwendungen, die nicht in Betracht kommen, falls nicht die betreffende Partei sich darauf beruft, sind verloren, wenn sie nicht sofort bei Anlaſs dazu vorgebracht werden.

§ 172. Die Bestimmung in Abs. 1 des vorstehenden Paragraphens gilt auch, sofern entweder der Angeklagte oder eines der Mitglieder des Gerichtshofes die Frage aufwirft, wiefern das im Anklagebeschluſs genannte Verhalten strafbar ist oder ob ein Strafausschlieſsungsgrund vorliegt, der nicht in der Schuldfrage enthalten. Sind die Gerichtsmitglieder einig, kann auf der Stelle ein freisprechendes Urteil gefällt werden.

§ 173. Die Verhandlungen über das in der Anklage aufgeführte Verhalten werden möglichst ohne Unterbrechung bis zum endlichen Abschluſs fortgesetzt.

Wird die Verhandlung nach einer Aussetzung wiedereröffnet, so wird das bereits Vorgenommene, soweit es das Gericht nötig erachtet, wiederholt. Dauerte die Unterbrechung mehr als 4 Tage, kann jedes der Gerichtsmitglieder Wiederholung beantragen.

§ 174. Die Verhandlung erstreckt sich in der Regel auf Schuld- und Straffrage zugleich. Doch kann das Gericht die Schuldfrage gesondert behandeln lassen, wo dies in verwickelten Sachen die Übersicht zu erleichtern geeignet ist.

§ 175. Nachdem die Anwaltschaft entwickelt hat, was Gegenstand der Anklage ist und kurz angegeben, welche Beweise sie für ihre Behauptung führen zu können vermeint, nötigenfalls unter Hinweis auf die Verbindung zwischen Behauptung und Beweisung, die sie beabsichtigt, überläfst es der Kriegsrichter dem Angeklagten, sich über die Sache zu äufsern. Weicht seine Erklärung von einer früheren ab, oder hat er sich über Seiten oder Teile der Sache nicht geäufsert, so ist er darauf aufmerksam zu machen.

Solchenfalls, sowie wo er jede Antwort verweigert oder nicht erscheint, kann seine früher vor Gericht abgegebene Erklärung verlesen werden.

§ 176. Dann erfolgt Beweiserhebung zuerst von seiten der Anwaltwaltschaft und darauf der Verteidigung.

Bevor der Verteidiger oder Angeklagte eine Beweiserhebung beginnt, kann er kurz angeben, welche Beweise er führen zu können vermeint und welche Schlüsse er darauf bauen will.

Wo es nötig, kann der Beweisführer, je nachdem Beweisführung stattfindet, kurz die Bedeutung der Umstände hervorheben, die bewiesen werden sollen.

§ 177. Bei Umständen, die nicht die Schuldfrage berühren, sowie überhaupt in Kriegszeit, entscheidet das Gericht, ob, in welchem Umfang und wie die Beweiserhebung stattfinden soll.

Im übrigen kommen die §§ 331 und 332 des bürgerlichen Strafprozefsgesetzes zur Anwendung.

§ 178. Schriftliche Beweise werden vom Gerichtsschreiber oder einem der Gerichtsmitglieder verlesen; doch kann der Beweisführer selbst zur Verlesung ermächtigt werden.

Schriftstücke in fremder Sprache werden in Übersetzung vorgelesen, deren Richtigkeit von einer dazu berechtigten Person bekräftigt ist.

§ 179. Die von der Anwaltschaft vorgeführten Zeugen werden zunächst von dieser vernommen und sodann, je nachdem die Vernehmung jedes einzelnen Zeugen beendet ist, vom Verteidiger. Rücksichtlich der vom Angeklagten oder auf seinen Antrag vorgeführten Zeugen wird umgekehrt verfahren. Zufolge Übereinkunft kann hiervon abgewichen werden.

Der Kriegsrichter soll jedenfalls Fragen zurückweisen, welche nicht die Sache betreffen und die Vernehmung selbst übernehmen, wenn er oder das Gericht die Art, wie sie geschieht, für nicht befriedigend hält. In Kriegszeit kann er stets die Vernehmung übernehmen, wenn er Grund dazu findet.

Ist der Verurteilte ohne Verteidiger, so erfolgt die Vernehmung in jedem Falle durch den Kriegsrichter.

§ 180. Der Kriegsrichter kann von sich aus oder auf Anregung eines der sonstigen Gerichtsmitglieder den Zeugen über solche Punkte verhören, die ihm nicht genügend vorgehalten wurden oder die er nicht deutlich genug beantwortet oder aber nicht hinreichend verstanden hat; doch kann er dem Betreffenden überlassen, unmittelbar an den Zeugen Fragen zu stellen.

§ 181. Beweisführung zum Zwecke der Abschwächung der Glaubwürdigkeit eines Zeugen im allgemeinen darf nur in der Art und Ausdehnung geschehen, die das Gericht gestattet. Sie ist abzulehnen, wenn die bezweckten Aufklärungen als solche nicht von wesentlicher Bedeutung erscheinen.

§ 182. Führt die Verteidigung Beweis für den früheren guten Lebenswandel des Angeklagten, so kann die Anwaltschaft stets Gegenbeweis führen. Doch dürfen unter keinen Umständen Zeugnisse über guten oder schlechten Namen und Ruf des Angeklagten zur Verlesung kommen.

Ob und in welcher Ausdehnung im übrigen Beweise für den schlechten Wandel des Angeklagten vorgeführt werden können, entscheidet das Gericht. Doch müssen diese Beweise stets bestimmte Handlungen des Angeklagten selbst betreffen. Der Beweis früherer Verurteilung kann nicht abgelehnt werden.

§ 183. Nach Vernehmung jedes einzelnen Zeugen und Verlesung jedes einzelnen Schriftstückes wird dem Angeklagten Gelegenheit gegeben, sich darüber zu äufsern, ob er etwas zu bemerken hat.

§ 184. Nach Schlufs der Beweisführung erhält zuerst die Anwaltschaft und danach der Verteidiger oder, wenn kein Verteidiger auftritt, der Angeklagte das Wort. Jeder hat das Recht, zweimal zu reden.

Der Angeklagte hat das Recht zum Wort neben dem Verteidiger und wird, nachdem dieser gesprochen hat, befragt, ob er noch etwas weiteres zu bemerken habe.

§ 185. Versteht der Angeklagte nicht norwegisch oder ist er taub, so müssen von den Schlufsvorträgen wenigstens die gestellten Anträge ihm bekannt gegeben werden.

§ 186. Gegenstand der Beurteilung ist der im Anklagebeschlufs behandelte Tatbestand, doch kann das Gericht Umstände in Betracht ziehen, die das Verhalten unter eine andre Strafbestimmung als die im Anklagebeschlufs genannte bringen.

Bei Unterstellung des Tatbestandes unter das Strafgesetz ist der Gerichtshof an die gestellten Anträge nicht gebunden. Zieht es ihn unter eine andre Strafbestimmung gegenüber dem Anklagebeschlufs, so ist den Parteien stets besondre Gelegenheit zu geben, sich hierüber zu äufsern, wobei dem Angeklagten auf Verlangen eine passende Aussetzung, wenn dies für die Verteidigung nötig erscheint, zu gewähren ist.

§ 187. Bei der Entscheidung, was als bewiesen anzusehen sei, wird lediglich auf die in der Hauptverhandlung vorgeführten Beweise Rücksicht genommen. Sie erfolgt nach freier Überzeugung auf Grund gewissenhafter Prüfung der vorgeführten Beweise.

§ 188. Das Urteil wird am Schlufs der Gerichtssitzung oder in einem besonders anberaumten Termin spätestens 24 Stunden nachher gefällt.

Die Urteilsgründe sollen bei Verurteilung des Angeklagten genau angeben, welche Umstände als Grund für das Urteil als bewiesen angesehen werden und bei Freisprechung, welche Strafbedingungen mangeln oder nicht als erwiesen gelten oder aber welche Umstände als vorliegend angenommen werden, die eine Bestrafung ausschliefsen.

Ebenso werden die Erwägungen angegeben, die für die Strafausmessung mafsgebend waren.

§ 189. Ist der Angeklagte zur Stelle und Berufung oder Antrag auf erneute Verhandlung zulässig, so ist ihm mitzuteilen, binnen welcher Frist und wie der betreffende Antrag zu stellen ist.

§ 190. Ist der Angeklagte nicht zur Stelle, so ist ihm ohne Aufschub ein verurteilendes Erkenntnis mitzuteilen unter Vermerk darüber, binnen welcher Frist und wie der Antrag auf Berufung oder erneute Verhandlung gestellt werden kann.

Zur Zustellung, die von der Anwaltschaft besorgt wird, ist ein Auszug des Urteilsschlusses und der Urteilsgründe hinreichend.

24. Kapitel.
Berufung.

§ 191. Gegen Urteile und in Verbindung mit ihnen die Sachbehandlung und die Beschlüsse, worauf diese beruhen, kann von der Anwaltschaft und vom Angeklagten beim Militärhöchstgericht Berufung eingelegt werden.

**§ 192. Gegen ein freisprechendes Urteil kann der Angeklagte Berufung nicht einlegen, wenn nicht die Schuldfrage gegen ihn entschieden ist.

In Kriegszeit kann der Angeklagte sie nicht einlegen, falls er nicht zu Todesstrafe, Gefängnis über 6 Monate oder Verlust eines öffentlichen Amtes verurteilt ist.

Ist der Angeklagte verstorben, so können sein Ehegatte, Verwandte in auf- und absteigender Linie, Geschwister wie Erben an seiner Stelle Berufung einlegen.

Die Anwaltschaft kann zu Gunsten des Angeklagten auch nach seinem Tode Berufung einlegen.

§ 193. Die Berufung kann nicht auf einen der Gründe gestützt werden, die nach den Regeln in Kapitel 25 zu erneuter Verhandlung führen können.

Verletzung von Prozefsvorschriften kann nicht als Berufungsgrund benutzt werden, wenn sie nur im Falle des Einspruchs in Betracht fallen und ein solcher rechtzeitig nicht erfolgte.

**§ 194. Berufung seitens der Anwaltschaft wird vom Generaljurisdiktionschef beschlossen.

Findet der Jurisdiktionschef in einer Sache Berufung begründet, so hat er einen Auszug der Hauptverhandlung samt sonst nötigen Auszügen und Dokumenten dem Generaljurisdiktionschef einzusenden.

Dies soll jedenfalls geschehen, wenn das Urteil auf Todesstrafe, Gefängnis über 6 Monate oder Verlust eines öffentlichen Amtes lautet.

§ 195. Will die Anwaltschaft zu Ungunsten des Angeklagten Berufung einlegen, muſs sie spätestens binnen 14 Tagen nach Mitteilung der Erklärung des Angeklagten an sie, ob er das Urteil annimmt oder nicht, oder Ablauf der Berufungsfrist für den Angeklagten ihre Berufung ihm mitteilen.

Berufung der Anwaltschaft zu Gunsten des Angeklagten ist an keine Zeit gebunden und nicht gehindert durch Annahme des Urteils.

Bei Zustellung der Berufung soll dem Angeklagten bekannt gegeben werden, daſs die Sache vorgenommen werden wird, sobald dazu Anlaſs ist, ohne weiteren Bericht hierüber an ihn.

§ 196. Eine Berufungserklärung des Angeklagten hat binnen 14 Tagen in Friedenszeit und binnen 24 Stunden in Kriegszeit seit Fällung des Urteils oder bei Abwesenheit seit der Zustellung an ihn zu erfolgen.

Erfolgt sie bei der Urteilsfällung, so ist sie schriftlich oder mündlich der Anwaltschaft oder mündlich dem Kriegsrichter oder einem vorgesetzten Befehlshaber des Angeklagten oder, falls der Angeklagte verhaftet ist, dem Gefängnis-Befehlshaber oder -Wachtmeister zu erklären.

Schriftliche Berufungserklärung ist in Friedenszeit vom Verteidiger oder einem Anwalt mitzuunterzeichnen. Mündliche Erklärung wird sofort schriftlich verfaſst und vom Empfänger und dem Angeklagten unterzeichnet und unverzüglich der Anwaltschaft übersendet.

Bei Entgegennahme der Berufungserklärung soll dem Angeklagten die Mitteilung des letzten Absatzes des § 195 gemacht werden.

Die Berufungserklärung wird unverzüglich dem Generaljurisdiktionschef übersendet, begleitet vom Auszug der Hauptverhandlung samt andern notwendigen Auszügen und Dokumenten.

§ 197. Eine nicht binnen der bestimmten Frist eingelegte Berufung kann nicht angenommen werden, falls nicht der Berufungskläger wahrscheinlich macht, daſs die Tatsache, welche die Berufung begründet, ihm erst später bekannt wurde oder er aus andern ihm nicht zurechenbaren Gründen die Frist versäumte. Jedenfalls muſs er seine Berufung binnen einem der Berufungsfrist entsprechenden Zeitraum erklären, nachdem die Umstände weggefallen, welche die Versäumnis verursachten.

§ 198. In gleicher Frist und in gleicher Weise, wie oben bestimmt, muſs der Berufungskläger angeben, ob er die Sachbehandlung oder den Urteilsinhalt angreift. Im ersten Fall sind die Umstände, auf die der Angriff gestützt wird, im letztern Fall anzugeben, ob er allein die Strafausmessung angreift oder ob er auch durch Anwendung des Gesetzes oder durch Beweiswürdigung auſserhalb der Schuldfrage liegender Umstände beschwert ist. Sind mehrere strafbare Handlungen im gleichen Urteil abgeurteilt, ist anzugeben, mit Rücksicht auf welche die Gesetzanwendung als irrig behauptet wird.

§ 199. Der Verteidiger soll auf Verlangen der Angeklagten diesen beraten, ob Berufung eingelegt werden soll.

Sowohl der Verteidiger als der öffentliche Beamte, an den der Angeklagte sich gemäfs § 196 wendet, sollen ihm allen nötigen Beistand bei Abfassung und Begründung der Erklärung gewähren.

§ 200. Der Generaljurisdiktionschef übersendet unverzüglich die Berufungserklärung, begleitet von ihrer Begründung und den nötigen Auszügen und Dokumenten, dem militärischen Beschwerdeausschufs des Höchstgerichts.

Der Ausschufs entscheidet, ob die Berufung rechtzeitig eingelegt und auch in andrer Hinsicht gesetzlich ist. Wird dies angenommen, so hat er in Friedenszeit, wenn die Sache entweder das Leben oder die Ehre oder Freiheitsverlust für länger als 3 Monate betrifft, und im übrigen in Friedens- wie Kriegszeit, wo er Grund dafür vorliegend erachtet, die Sache zur Prüfung im Höchstgericht zu befördern. Sonst ist die Berufung abzuweisen.

Im Fall der Verweisung vor Höchstgericht übersendet der Justitiarius die Sache an die Anwaltschaft oder den Verteidiger, je nachdem jene oder dieser zuerst das Wort haben soll, mit der Auflage, binnen bestimmter Frist sie der Gegenpartei zuzustellen.

§ 201. Stützt sich die von einer Seite eingelegte Berufung auf Gründe, die zur Fällung eines neuen Urteils im Höchstgericht führen können, so ist die andre Partei solche Berufungsgründe geltend zu machen berechtigt, die dazu führen können, dafs das Urteil als ungiltig erklärt wird; doch müssen diese rechtzeitig vor Vornahme der Sache der Gegenpartei mitgeteilt werden.

§ 202. Die Verhandlung der Sache vor dem Militärhöchstgericht geht nach den Regeln vor sich, die für das allgemeine gelten, doch so, dafs die Verhandlung stets mündlich ist und die Partei, welche die Berufung eingelegt hat, das erste Wort hat.

Ein Verteidiger ist nicht nötig, wenn die Anwaltschaft zu Gunsten des Verurteilten Berufung einlegt. Erfolgt sie von seiten des Verurteilten, kann die Anwaltschaft, wenn sie der Berufung beitritt, zu erscheinen unterlassen.

§ 203. Erachtet eine der Parteien Beweisaufnahme für nötig, so kann diese nach den Regeln des Kapitel 22 über Beweisaufnahme vor der Hauptverhandlung erfolgen. Der Verteidiger hat diesfalls seinen Antrag der Anwaltschaft einzureichen, die, falls sie denselben verworfen wissen will, unverzüglich die Frage dem Justitiarius des Höchstgerichts vorlegen und davon gleichzeitig den Verteidiger unterrichten soll.

Das Gericht kann beschliefsen, neue Ermittelungen einzuziehen und die Beweisaufnahme vorzunehmen und demzufolge die Sache aufzuschieben und der Anwaltschaft die nötigen Aufträge erteilen.

§ 204. Der Angeklagte kann ohne Zustimmung der Anwaltschaft seine Berufung nicht zurückziehen, nachdem die Verhandlung begonnen hat. Hat die Anwaltschaft sie eingelegt, so kann sie diese mit Zustimmung des Angeklagten zurückziehen.

§ 205. Die Bestimmungen der §§ 392—397 des bürgerlichen Strafprozeſsgesetzes finden entsprechende Anwendung.

§ 206. Erneute Verhandlung nach Kapitel 25 und § 219 schlieſst Berufung aus. Ist ein Antrag hierauf rechtzeitig gestellt, so wird die beim Höchstgericht eingelegte Berufung inzwischen eingestellt.

Fällt der Antrag fort oder wird ihm nicht Folge gegeben, so beginnt die Berufungsfrist ihren Lauf von neuem von dem Zeitpunkte an, daſs dem Betreffenden Mitteilung hiervon zukommt.

§ 207. Ein Urteil kann nicht vollstreckt werden, solange Berufung noch offen steht. Die Urteilsvollstreckung gilt für die Anwaltschaft als Verzicht auf die Möglichkeit der Berufung zu Ungunsten des Angeklagten.

Ist Berufung rechtzeitig eingelegt, so kann das Urteil vor Entscheidung derselben nicht vollstreckt werden.

Handelt es sich um Änderungen der Strafe in derselben Strafart, so kann die Vollstreckung nach Umständen begonnen werden, wenn der Verurteilte darein willigt.

§ 208. Ohne Rücksicht auf die Bestimmungen in § 207 kann das Kriegsgericht, wenn sämtliche Mitglieder einig sind, in Kriegszeit bestimmen, daſs ein Urteil sofort soll vollstreckt werden können, wo jemand zum Tode verurteilt ist wegen eines Verbrechens, das in Kriegszeit unter Umständen verübt ist, daſs gefährliche Folgen für die Sicherheit des Reichs, von Militärabteilungen oder militärischer Unternehmungen augenscheinlich zu befürchten stehen, wenn der Täter nicht unverzüglich gestraft wird.

25. Kapitel.

Erneute Verhandlung im Militärhöchstgericht.

**§ 209. In Sachen, wo das Urteil vom Kriegsgericht gefällt ist, kann die Anwaltschaft und der Angeklagte beim Militärhöchstgericht erneute Verhandlung beantragen.

Bei Sachen, die nicht Leben oder Ehre oder Freiheitsverlust für länger als 3 Monate betreffen, ist dies ausgeschlossen, wenn nicht der Militärbeschwerdeausschuſs des Höchstgerichts dazu Grund vorliegend erachtet.

In Kriegszeit wird in jeder Sache die Zustimmung des Beschwerdeausschusses erfordert und der Angeklagte kann nicht Vorlegung der Sache vor diesen beantragen, auſser bei Verurteilung zu Todesstrafe, Gefängnis über 6 Monate oder Verlust eines öffentlichen Amtes.

Nach dem Tode des Angeklagten kann allein die Anwaltschaft erneute Verhandlung begehren und dies allein zu Gunsten des Angeklagten.

**§ 210. Der Antrag auf erneute Verhandlung mufs begründet werden durch eine Bestreitung dessen, was im Urteil rücksichtlich der Schuldfrage angenommen ist; doch darf er nicht ausschliefslich auf unrichtige Gesetzanwendung gestützt werden.

Soweit nicht gegenteiliges erklärt ist, wird angenommen, der Verurteilte bestreite, was nicht mit seiner vor Gericht abgegebenen Erklärung übereinstimmt.

In Sachen des § 29 des Militärstrafgesetzes kann der Antrag darauf gestützt werden, dafs die Anwendbarkeit dieses Paragraphen behauptet wird.

§ 211. Die Vorschriften der §§ 194—199 und §§ 204, 207 und 208 rücksichtlich der Berufung finden auf den Antrag betreffs erneuter Verhandlung entsprechende Anwendung, soweit nicht das Gegenteil bestimmt ist.

§ 212. Hängt die Zulässigkeit erneuter Verhandlung von Zustimmung des Beschwerdeausschusses ab, so sendet die Anwaltschaft die Sache ohne Aufschub an diesen.

Befindet die Anwaltschaft den Antrag des Angeklagten betreffs erneuter Verhandlung als zu spät gestellt oder aus andern Gründen nicht gesetzlich begründet, so legt sie die Frage dem Kriegsrichter vor. Lehnt dieser den Antrag ab, so erfolgt Mitteilung an den Angeklagten, der in Friedenszeit binnen 1 Woche gegen die Entscheidung Berufung einlegen kann. In Kriegszeit kann der Angeklagte diese nicht einlegen.

*§ 213. Die Vorbereitung und Behandlung der Sache erfolgt nach den Regeln in den Kapiteln 21—23, soweit sie anwendbar sind und nicht das Gegenteil bestimmt ist.

Die Verrichtungen, die im Kriegsgericht dem Kriegsrichter obliegen, werden im Höchstgericht vom Justitiarius oder seinem Stellvertreter wahrgenommen.

§ 161 Abs. 1 findet nicht Anwendung.

§ 214. Soweit die Richtigkeit des Urteils blofs rücksichtlich einzelner der angenommenen oder nicht angenommenen Tatsachen bestritten wird, kann die Beweisführung darauf beschränkt werden. Nur der Schlufs des angegriffenen Urteils wird verlesen.

§ 215. Bleibt der Angeklagte ohne gesetzlichen Hinderungsgrund in Fällen aus, wo seine Anwesenheit als nötig erscheint, kann das Gericht, wenn die Sache auf seinen Antrag aufgenommen wurde, diesen abweisen, falls nicht die Anwaltschaft deren Fortsetzung wünscht.

26. Kapitel.

Beschwerde.

§ 216. Gegen gerichtliche Verfügungen und Entscheidungen, welche nicht Gegenstand der Berufung sein können, kann, soweit nicht das Gegenteil bestimmt ist, jeder dadurch Betroffene Beschwerde einreichen.

Ausgenommen hiervon sind Entscheidungen und Verfügungen im Hauptverfahren, soweit sie nicht unter § 49 Abs. 2 fallen oder auf Aussetzung beziehungsweise Abweisung der Sache gehen oder Verhaftung, Durchsuchung, Beschlagnahme des Vermögens, Auferlegung von Strafe oder Kostenpflicht oder einen andern als den Angeklagten treffen.

§ 217. Die Bestimmungen der §§ 408—412 des bürgerlichen Strafprozeſsgesetzes finden entsprechende Anwendung mit folgenden Änderungen:

Die allgemeine Beschwerdefrist in Kriegszeit beträgt 24 Stunden.

Wo dies in Kriegszeit nötig erscheint, kann das Gericht einer Beschwerde aufschiebende Wirkung zusprechen, wenngleich sonst nach Gesetz dies nicht statt hat.

Erachtet eine der Parteien Beweisaufnahme in einer Beschwerdesache nötig, so gelten die Bestimmungen in § 203, doch so, daſs der Wortführer des Militärbeschwerdeausschusses in der Sache statt des Justitiarius auftritt.

Als Wortführer wird einer der gesetzkundigen Mitglieder des Ausschusses bestellt.

27. Kapitel.
Wiederaufnahme.

§ 218. Die Bestimmungen der §§ 413—21 des bürgerlichen Strafprozeſsgesetzes finden entsprechende Anwendung.

Rücksichtlich der Notwendigkeit der Zuziehung eines Verteidigers bei Beweisaufnahme nach § 417 gelten die §§ 77—78 dieses Gesetzes.

§ 219. Ist jemand im Kriegsgericht ohne seine Zustimmung trotz Ausbleibens verurteilt, so kann er Wiederaufnahme der Sache begehren, wenn er wahrscheinlich macht, daſs er gesetzlich verhindert war oder die Ladung ihm nicht rechtzeitig zugekommen ist.

Das Begehren muſs vor Ablauf der Berufungsfrist gestellt werden. Im übrigen finden die Regeln der §§ 197 und 207 Abs. 2 und 3 und des bürgerlichen Strafprozeſsgesetzes §§ 416, 417 und 418, vgl. § 218 Abs. 2 dieses Gesetzes, entsprechende Anwendung.

Bleibt der Verurteilte in der neuen Hauptverhandlung aus, so wird die Sache aufgehoben und das gefällte Urteil bleibt bei Kraft.

28. Kapitel.
Verfolgung von Zivilansprüchen in Verbindung mit einer Militärstrafsache.

§ 220. Auf Begehren des Verletzten kann die Anwaltschaft die Geltendmachung seiner Zivilansprüche übernehmen, wenn dies ohne besondre Beschwerde geschehen kann.

Dies kann auch stattfinden, wo ein solches nicht gestellt ist, falls nicht als Grund hiervon anzunehmen ist, daſs der Verletzte seinen Anspruch nicht bei der Strafsache geltend machen wollte.

Bei Beurteilung nach § 142 gilt vom Gericht, was oben von der Anwaltschaft gesagt ist.

§ 221. Mitteilung über den Anspruch und die Beweise, auf die sich derselbe stützt, mufs diesfalls dem Angeklagten und seinem Verteidiger spätestens mit der Ladung gemacht werden. Ist dies nicht geschehen, so kann der Anspruch nur dann in Berücksichtigung gezogen werden, wenn entweder der Angeklagte einwilligt oder das Gericht annimmt, dafs er hinreichend Gelegenheit zur Vorbereitung seiner Verteidigung hatte.

§ 222. Die Bestimmungen des bürgerlichen Strafprozefsgesetzes §§ 441 und 442, § 443 Abs. 1, §§ 446—447, § 448 ausgenommen Abs. 2 letzter Punkt, wie §§ 449 und 450 finden entsprechende Anwendung.

29. Kapitel.
Kosten.

**§ 223. Die Bestimmungen der §§ 451—454, § 455 Abs. 1, § 456 und 458 des bürgerlichen Strafprozefsgesetzes finden entsprechende Anwendung.

30. Kapitel.
Beschlagnahme des Vermögens des Angeklagten.

**§ 224. Die Bestimmungen der §§ 459, 460 und 461 Satz 1 und 3 des bürgerlichen Strafprozefsgesetzes finden entsprechende Anwendung. Die Beschlagnahme kann auch durch einen Befehlshaber bewerkstelligt werden.

Entsprechende Anwendung finden auch die Bestimmungen der §§ 462—465 des bürgerlichen Strafprozefsgesetzes, doch so, dafs die Beschlagnahme davon abhängt, dafs der Angeklagte zu strengerer Strafe als Gefängnis von 6 Monaten verurteilt ist oder mit gutem Grunde einer strafbaren Handlung verdächtig erscheint, die mit strengerer Strafe als Gefängnis von 3 Jahren zu belegen wäre.

31. Kapitel.
Verantwortlichkeit zufolge Prozefsführung.

§ 225. Die Bestimmungen des § 466 Abs. 1 und 2 und §§ 467 bis 472 des bürgerlichen Strafprozefsgesetzes finden entsprechende Anwendung.

32. Kapitel.
Strafvollstreckung.

**§ 226. Eine durch Endurteil oder Gerichtserkenntnis verhängte Strafe ist in der Regel unverzüglich zu vollstrecken.

Hat das Gericht den Verurteilten zur Begnadigung empfohlen, so kann die Vollstreckung nicht stattfinden, sofern er dadurch eine Strafe erlitte, von der das Begnadigungsgesuch ihn befreien will. Hat er selbst Begnadigung nachgesucht, kann in Friedenszeit die

Strafvollstreckung nur begonnen werden, wenn er einwilligt. Nach näherer Bestimmung des Königs kann auch in Kriegszeit die Strafvollstreckung ausgesetzt werden, wenn der Verurteilte um Begnadigung ersucht.

**§ 227. Die Bestimmungen der §§ 474 und 478 des bürgerlichen Strafprozefsgesetzes finden entsprechende Anwendung.

Gleiches gilt von § 475, indem auch in militärischen Verhältnissen ein Tag Untersuchungshaft einem Tage Arrest gleich gerechnet wird.

**§ 228. Dem zum Tode Verurteilten ist eine gewisse Zeit zu gewähren, sich darauf vorzubereiten, wenn die Umstände dies gestatten.

Die Todesstrafe wird vollstreckt durch Erschiefsen seitens einer geschlossenen Truppe von mindestens zehn Gemeinen unter Leitung eines Offiziers, wenn möglich in Gegenwart einer gröfseren Militärmasse sowie des Kriegsrichters, Kriegsadvokaten und eines Geistlichen. Der Verteidiger hat Zutritt; ebenso diesfalls der Geistliche, der den Verurteilten zum Tode vorbereitet hat. Die Vollstreckung erfolgt in voller Öffentlichkeit.

Das Protokoll über die Vollstreckung wird vom Kriegsrichter geführt oder in seiner Abwesenheit von einem Offizier.

Das Begräbnis erfolgt in Stille möglichst bald, an Bord durch Versenkung in die See.

§ 229. Soll eine andre Strafe als eine Vermögensstrafe vollstreckt werden, so liegt deren Vollstreckung der Militäranwaltschaft ob.

Die Einziehung von Geldstrafen, Prozefskosten und Ersatzansprüchen erfolgt nach den in Zivilsachen geltenden Regeln und wird im Reiche durch die zuständige Zivilbehörde und aufser Landes durch den Kriegsrichter oder Kriegsadvokaten vollzogen.

Die in Verbindung mit der Strafvollstreckung stehenden Entscheidungen, die nach bürgerlichem Strafprozefsgesetz § 479 den Staatsadvokaten zustehen, werden von den Jurisdiktionschefs vollzogen.

**§ 230. Ist der Verurteilte einer Militärkommandobehörde untergeben, so wird ihm, wenn er auf freiem Fufse ist, befohlen, sich zu bestimmter Zeit am Straforte einzustellen. Leistet er dem Befehle keine Folge, so kann er zwangsweise gestellt werden. Ohne vorhergehenden Befehl kann letzteres geschehen, wenn der Verurteilte Gefängnis über 6 Monate verbüfsen soll oder der Flucht verdächtig ist.

In andern Fällen kommt die Bestimmung des § 480 des bürgerlichen Strafprozefsgesetzes in Anwendung.

§ 231. Entsteht rücksichtlich der Auslegung des Urteils, der Berechnung der Freiheitsstrafe, die verhängt ist oder an Stelle einer verhängten Strafe tritt, oder aus andern Gründen Streit zwischen der Anwaltschaft und dem Verurteilten, so ist die Frage auf Begehren des Verurteilten dem Kriegsgericht der Jurisdiktion oder dem Gerichte zur Entscheidung vorzulegen, das in der Sache früher geurteilt hat. Gegen diesen Entscheid kann Beschwerde, doch ohne aufschiebende Wirkung, falls nicht die Anwaltschaft selbst oder das Gericht so beschliefst, binnen einer Woche nach dessen Verkündung eingelegt werden.

§ 232. Entsteht Streit darüber, ob die Person, an der die Strafe vollstreckt werden soll, der Verurteilte ist, so wird derselbe nach den für Kriegsgerichtssachen vorgeschriebenen Regeln vom Kriegsgericht der Jurisdiktion oder dem früheren Spruchgericht entschieden.

33. Kapitel.
Standgerichtliche Behandlung.

§ 233. Wird jemand, der unter Militärstrafgewalt gehört, in Kriegszeit auf frischer Tat bei Verübung einer strafbaren Handlung betroffen, die Todesstrafe nach sich ziehen kann und sind die Umstände derartig, dafs gefährliche Folgen für die Sicherheit des Reiches, einer Militärabteilung oder militärischer Unternehmungen oder Gefahr für kriegerischen Gehorsam augenscheinlich zu befürchten sind, wenn der Täter nicht sofort bestraft wird, so kann Anklage vor Standgericht erhoben werden.

**§ 234. Wo die Umstände dazu Anlafs geben, kann der Jurisdiktionschef bekannt machen lassen, dafs Anklage vor Standgericht erhoben werden wird, wenn Verbrechen bestimmter Art verübt werden, für welche die standgerichtliche Behandlung nach vorstehendem Paragraph stattfinden kann.

§ 235. Wo dazu Anlafs ist und nicht das Gegenteil bestimmt ist, finden die Regeln dieses Gesetzes auch auf Standgerichtssachen Anwendung.

§ 236. Der Anklagebeschlufs wird möglichst schnell ausgefertigt. Er soll den Namen des Angeklagten oder eine genaue Beschreibung seiner Person und genügende Angaben hinsichtlich der strafbaren Handlung enthalten, deren er angeklagt wird, sowie die Anordnung betreffs Zeit und Ort des Zusammentritts des Standgerichts.

Er kann mündlich erfolgen, wo er persönlich vom Jurisdiktionschef ausgeht, in Gegenwart des Angeklagten und vor versammelter Truppe.

Ein schriftlicher Anklagebeschlufs ist unverzüglich dem Angeklagten zuzustellen.

§ 237. Gleichzeitig mit Mitteilung des Anklagebeschlusses wird dem Angeklagten bekannt gegeben, dafs er sich als Verteidiger einen Befehlshaber oder einen Gemeinen wählen darf, der im Augenblick zu Gebote steht. Hat er keinen gewählt, wenn das Gericht zusammentritt, so bestellt der Vorsitzende ihm eine solche Person zum Verteidiger.

Der Angeklagte hat das Recht auf kurze Überlegung mit dem Verteidiger vor Beginn der Verhandlung.

§ 238. Die Verhandlung, einschliefslich der Abstimmung, ist stets öffentlich und erfolgt, wenn möglich, vor versammelter Truppe. Doch können die Richter vor der Abstimmung zur Beratung auf die Seite treten.

§ 239. Die Verhandlung wird möglichst ohne Unterbrechung fortgeführt bis zur Urteilsfällung und alles entfernt, was sie unnütz verzögern könnte. Die Beweiserhebung wird auf den Hauptgegenstand der Sache beschränkt.

§ 240. Die Sachbehandlung darf nicht mehr als 24 Stunden seit Zusammentritt des Standgerichts dauern.

War in dieser Zeit Beurteilung der Sache nicht möglich, so ist eine Erklärung über den Grund im Protokoll aufzunehmen, worauf die Sache abgebrochen wird.

§ 241. Das Urteil des Standgerichtes kann, soweit die Sache nicht abgewiesen wird, nur auf Todesstrafe oder Freisprechung bei standrechtlich Angeklagten lauten.

Zu einem Todesurteil ist Einstimmigkeit erfordert.

Das Urteil wird auf der Stelle gefällt und verkündet.

§ 242. Gegen Urteile, Erkenntnisse oder andre Entscheidungen des Standgerichts ist kein Rechtsmittel zulässig.

§ 243. Ist das Standgerichtsurteil gefällt, so ist es in der Regel unverzüglich zu vollstrecken.

Doch kann der Jurisdiktionschef die Vollstreckung aussetzen oder unterlassen, wenn er wesentliche Bedenken hegt.

Wenn die Vollstreckung nicht binnen 24 Stunden nach Fällung des Urteils erfolgte, entfällt das Urteil.

§ 244. Ist die Sache vom Standgericht abgewiesen oder abgebrochen worden, weil sie nicht in der gesetzlichen Frist beendet werden konnte oder der Angeklagte von der standrechtlichen Anklage freigesprochen oder das verurteilende Urteil wegen unterlassener Vollstreckung entfallen, kann eine neue Verfolgung vor Kriegsgericht nur in gewöhnlicher Form eintreten.

§ 245. Nach Abhaltung des Standgerichts ist das Protokoll über die Verhandlung, sowie etwa über Vollstreckung oder über den Grund der Nichtvollstreckung, sofort dem Generaljurisdiktionschef einzusenden.

34. Kapitel.

Verschiedene Bestimmungen.

§ 246. Die Militär- und die Zivilanwaltschaft haben einander allen nötigen Beistand bei Verfolgung strafbarer Handlungen zu leisten.

§ 247. Nimmt die Zivilanwaltschaft an, dafs eine Militärperson eine öffentlicher Anklage unterliegende strafbare Handlung, die unter

Militärstrafgewalt fällt, verübt hat, so soll sie, wenn diese im bürgerlichen Strafgesetz mit Strafe belegt ist oder in Fahnenflucht, ungesetzlichem Fortbleiben oder andrer Hinterziehung vom Kriegsdienst besteht, sofort der Militäranwaltschaft berichten, was zu ihrer Kenntnis gelangt ist und die ohne Schaden nicht aufschiebbaren Schritte vornehmen.

Entsprechend soll die Militäranwaltschaft sich verhalten, wenn sie annimmt, dafs eine öffentlicher Anklage unterliegende strafbare Handlung, die unter die Zivilstrafgewalt fällt, von einer diensttuenden Militärperson verübt ist.

§ 248. Soll eine diensttuende Militärperson wegen einer unter Zivilstrafgewalt gehörigen strafbaren Handlung verhaftet werden, so mufs der betreffende Befehl oder Beschlufs möglichst von ihrem militärischen Vorgesetzten, soweit dies ohne nachteiligen Aufschub geschehen kann, bewerkstelligt werden.

Bei Durchsuchung in militärischen Räumen oder Beschlagnahme militärischer Effekten zufolge einer unter Zivilstrafgewalt gehörigen strafbaren Handlung soll auch möglichst Mitwirkung der Militärbehörde erstrebt werden.

Jedenfalls soll Mitteilung über eine solche Verhaftung, Durchsuchung oder Beschlagnahme unverzüglich an die zuständige Militärbehörde erfolgen.

**§ 249. Gefängnis- oder Haftstrafe, die sich eine Militärperson wegen einer unter Zivilstrafgewalt gehörigen strafbaren Handlung zugezogen hat, und die sie während ihrer Dienstleistung verbüfsen soll, wird durch die Militäranwaltschaft vollstreckt.

§ 250. Die Bestimmungen des § 478 des bürgerlichen Strafprozefsgesetzes gelten auch, wo die verschiedenen Urteile teils vom Militär-, teils vom Zivilgericht gefällt sind.

Die Sache wird durch die Militäranwaltschaft vor Militärgericht oder durch die Zivilanwaltschaft vor Zivilgericht gebracht, je nachdem durch Militär- oder Zivilgericht der Verurteilte zur höchsten Strafe oder bei gleichen Strafen zuletzt verurteilt worden ist.

Beschwerde gegen Militärgericht wird bei dem Militärbeschwerdeausschufs und gegen Zivilgericht bei dem Zivilbeschwerdeausschufs eingelegt.

§ 251. Zur Aufrechterhaltung der Ordnung in Festungen, Exerzierplätzen, Militärlagern, Kasernen, Werkstätten, Werften, Kriegsschiffen und andern Militärlokalen steht den militärischen Befehlshabern und Wachthabenden allgemeine Polizeigewalt gegen jedermann zu.

§ 252. Für die Reiseentschädigung von Zeugen kommen die §§ 486—490 des bürgerlichen Strafprozefsgesetzes zur Anwendung.

Für die Regeln des genannten Gesetzes in § 488 ist Hauptverhandlung vor Kriegs- wie Militärhöchstgericht der Hauptverhandlung vor Schwurgericht gleichstehend.

35. Kapitel.

Schlufsbestimmungen.

§ 253. Dieses Gesetz tritt am 1. April 1901 in Kraft.

Von diesem Zeitpunkte werden aufgehoben (folgen die betr. gesetzlichen Bestimmungen, zuletzt Gesetz über das gerichtliche Verfahren in Strafsachen vom 1. Juli 1887, § 5) — sowie alle andern jetzt geltenden Bestimmungen über Militärgerichtsverfahren, die dem vorliegenden Gesetz widersprechen.

§ 254. In Sachen, die beim Inkrafttreten des Gesetzes vor dem Urteilsgericht schweben, kommen die bisherigen gesetzlichen Bestimmungen über die Behandlung der Sache, Urteilsfällung und Berufung zur Anwendung. Soll erneute Verhandlung in erster Instanz erfolgen, so richtet sich diese nach den Regeln des vorliegenden Gesetzes.

§ 255. Die Bestimmungen der Kapitel 27 und 32 kommen auch gegenüber Urteilen zur Anwendung, die unter Herrschaft der früheren Gesetzgebung gefällt sind.

3. Norwegisches Gesetz vom 22. Mai 1902,

enthaltend Änderungen im Gesetz über das gerichtliche Verfahren in Strafsachen vom 1. Juli 1887. [1]

Nachstehende Bestimmungen im Gesetz über das gerichtliche Verfahren in Strafsachen vom 1. Juli 1887 sollen fortan wie folgt lauten:

[§ 2 No. 3 (alt) gestrichen.]

§ 3 Abs. 2. Ebenso kann der Staat in Verbindung mit einer Strafsache den Antrag auf Entlassung gemäfs § 10 des Gesetzes über Inkrafttreten des allgemeinen Strafgesetzes stellen.

§ 5 entfällt. — [Nach Gesetz vom 4. April 1891 ist in Zeile 2 des § 7 zu lesen: „für einen Monat“ und am Schlufs ist hinzuzusetzen: „Für die Berufung der Beschwerdeausschüsse in der Zwischenzeit zwischen einer Session des Höchstgerichts und einer andern finden die für dieses Gericht erlassenen Bestimmungen Anwendung.“ Auch lautet danach § 9: „Die Zahl der Schwurgerichtsbezirke soll mindesten 4 betragen“ und ein Zusatz zu § 11: „Wo besondre Umstände dies wünschbar machen, kann die Bestellung je sechsmonatlich erfolgen.“]

§ 19. Vor Schwurgericht werden Sachen verhandelt, die Verbrechen betreffen, welche strengere Strafe als Gefängnis von 3 Jahren nach sich ziehen können, sowie diejenigen, die den Versuch solcher Verbrechen betreffen.

Strafschärfung wegen Rückfalls oder Zusammentreffens von Verbrechen kommt hier nicht in Betracht.

§ 20. Sachen betreffend Verbrechen, die von Personen unter 18 Jahren begangen sind, werden trotz den Bestimmungen in § 19 nicht vor Schwurgericht verhandelt, falls nicht die Staatsanwaltschaft die Verhängung einer strengeren Strafe als zweijährigen Gefängnisses beantragen will.

§ 21. Hat der Angeklagte vor Gericht ein vorbehaltloses Geständnis abgelegt und wird die Richtigkeit dieses Geständnisses durch die sonst vorliegenden Ermittelungen bestärkt, so wird die Sache, sollte sie auch nach § 19 vor Schwurgericht gehören, nicht

---

[1] In Klammern sind die zwischenzeitigen Änderungen seit 1887 und nur unwesentliche Änderungen des ursprünglichen Textes gesetzt.

vor letzterem verhandelt, falls nicht das Verbrechen höhere Strafe als 8 Jahre Gefängnis nach sich ziehen kann oder Anwendbarkeit des § 65 des Strafgesetzes anzunehmen ist.

§ 22. Vor Schöffengericht werden die Sachen verhandelt, die nicht vor Schwurgericht gehören oder vom Verhörsgericht nach Maſsgabe des § 283 abgemacht werden.

Sachen, die nach den Regeln in § 400 zu neuer Verhandlung vor Schwurgericht ohne Genehmigung des Beschwerdeausschusses gebracht werden können, kann die Staatsanwaltschaft doch sofort vor Schwurgericht bringen, falls sie dies aus besondern Gründen als zweckmäſsig erachtet, oder dies vom Angeklagten begehrt wird.

Ein solches Begehren darf nicht abgeschlagen werden, wenn die Staatsanwaltschaft Aberkennung der staatsbürgerlichen Rechte (Strafgesetz § 29, 2) oder Verhängung einer Strafe, die den Verlust derselben nach sich zieht, beantragen will oder es sich um ein Verbrechen handelt, das nach den Kapiteln 8, 9 oder 10 oder § 142 des Strafgesetzes strafbar oder ein Verbrechen in öffentlichem Amte oder ein Preſsverbrechen ist.

§ 35. Wählbar als Geschworener und Schöffe ist jeder norwegische Bürger (Mann oder Frau), der nicht zufolge körperlicher oder geistiger Gebrechen oder ungenügender Kenntnis der Landessprache auſser stande ist, seine Pflichten als Geschworener oder Schöffe zu erfüllen, und der zufolge des Vertretergesetzes [vom 27. Juli 1896] bei Gemeindewahlen wählbar ist.

§ 36. Nicht wählbar als Geschworener oder Schöffe ist jeder, dem wegen einer strafbaren Handlung die staatsbürgerlichen Rechte entzogen sind oder der sich in einem in der Verfassung § 52 erwähnten Falle befindet.

§ 38. Zur Ablehnung einer Wahl sind berechtigt:

1. praktizierende Ärzte und Hebammen;
2. festangestellte Lotsen;
3. Angestellte im Zoll-, Feuer-, Post-, Telegraphen- und Eisenbahnwesen;

[4. und 5. wie früher; ebenso Schluſssatz.]

[§ 48 nennt jetzt „Personen“, die allein wählbar sind, statt früher „Männer“.]

[§ 53 Abs. 2 sagt statt „Verbrechen“: „strafbare Handlung“.] Ebenso die §§ 118 No. 1, 146 Abs. 2, 173 Abs. 2, 214, 221—223, 228, 230, 231, 250, 262, 263, 282, 291 No. 2, 315, 344, 348, 385, 392, 415, 423.

§ 55. Die Losziehung geschieht unter allen auf den allgemeinen Bezirkslisten aufgeführten Geschworenen mit Ausnahme derer, die schon als Geschworene nach der letzten Wahl Dienst getan haben (§ 39) oder zur Dienstleistung in einer noch nicht abgehaltenen Sitzung ausgelost sind.

Bleibt nicht mindestens die doppelte Zahl zu Wählender übrig, so erfolgt die Losziehung unter allen auf den Listen Aufgeführten.

Ersatzmänner werden unter Beachtung der gleichen Regeln unter den Geschworenen in der Gemeinde, wo die Sitzung gehalten wird oder in den nächsten Gemeinden nach Bestimmung des betr. Regierungsdepartements ausgelost.

Zur Dienstleistung in Sachen, welche Verbrechen oder Übertretungen der Kapitel 30 und 42 des Strafgesetzes oder eine andre Übertretung von Dienstpflichten als Seemann betreffen, werden, sofern ein solches Begehren rechtzeitig von einer Partei einging und der Lagmann es begründet befindet, in gleicher Weise 4 Geschworene aus den in § 47 No. 2 erwähnten besondern Verzeichnissen ausgelost. In Streitsachen zwischen Schiffer und Mannschaft dürfen nicht mehr als zwei der Seekundigen Schiffer sein.

[§ 60 erwähnt noch „Mitteilung an die Beleidigten in Beleidigungsprozessen beziehungsweise an deren Rechtsvertreter".]

[§ 61 sagt nach Gesetz vom 4. April 1891 in der Mitte: „mit Übergehung derer, die schon nach der letzten Wahl Dienst geleistet haben oder zur Dienstleistung in einer noch nicht abgehaltenen Sitzung geladen sind."]

§ 63 [droht Geldstrafe (ohne Maximalgrenze) an.] Ein Zusatz: Absatz 4: Als öffentliches Amt gilt nur das eines Mitgliedes des Storting, Wahlmännerting (Distriktsversammlung) und Amtsting, sowie Militärdienst.

§ 66 [Abs. 3 nennt jetzt „Stiefmutter — oder Tochter" statt früher „Adoptivvater oder — Sohn"] und fügt am Schlufs hinzu: „oder Ehegatte oder Verlobter einer solchen Person ist oder gewesen ist."

[§ 73 Abs. 2 nennt nur Gesetz vom 28. September 1857 § 2a—c.]

§ 75. Die Polizeimeister (Vögte) stehen als Anklagebehörde unter dem Reichsadvokaten und dem Staatsadvokaten des Ortes. Sie sollen in der Regel selbst oder durch einen ihnen untergeordneten Beamten die Übertretungssachen vertreten.

Die zur Anklagebehörde gehörigen unteren Polizeibediensteten haben keine selbständige Anklagebefugnis, aufser wo ihnen eine solche übertragen wurde oder keine Gelegenheit ist, die Bestimmung des Vorgesetzten einzuholen. Keinesfalls können sie Anklageerhebung beschliefsen oder Berufung einlegen.

§ 77 No. 1 „bei Behandlung von Sachen betreffend Verbrechen."]

[§ 81 lautet nach Gesetz vom 13. Juni 1894:

> Zur Vertretung öffentlicher Sachen vor dem höheren Gericht spricht der Gerichtshof denen, die Dienst leisten und keine fixe Besoldung beziehen, für jede Sache eine von der Staatskasse zu tragende passende Entschädigung zu.
>
> Bei den andern Instanzen, wo für die Behandlung öffentlicher Sachen vor denselben keine fixe Besoldung besteht, spricht der Gerichtshof nach näheren Vorschriften, die der König erläfst, eine gleichfalls vom Staatsschatze zu tragende Entschädigung aus. Diese Zusprechung ist in ihrer

Höhe der Revision unterliegend und kann vom kompetenten Ministerium abgeändert werden.]

[§ 84 beginnt jetzt mit den Worten „Strafbare Handlungen, die . . . .“ — In No. 3 sind Satz 2 und 3, im Schlufsabsatz der letzte Satz gestrichen.]

§ 85 No. 2 sagt „. . in Fällen des Zusammentreffens mehrerer Verbrechen oder Übertretungen . .“

No. 3 jetzt dahin gefafst:

Auch sonst kann Anklage unterlassen werden, wo anzunehmen ist, dafs öffentliche Rücksicht Anklageerhebung wegen der strafbaren Handlung nicht fordert, namentlich wenn seit ihrer Verübung lange Zeit verstrichen oder besonders mildernde Umstände vorliegen. Es kann daran die Bedingung geknüpft werden, dafs der Beschuldigte sich nicht eines neuen vorsätzlichen Verbrechens oder einer Übertretung während einer von der Anklagebehörde gesetzten Frist schuldig mache, die nicht die für die strafbare Handlung gesetzte Verjährungsfrist und niemals 2 Jahre übersteigen soll.

§ 87 neuer Abs. 3:

„In dem in § 85 letzter Absatz behandelten Falle bedingter Unterlassung der Anklageerhebung kann Verfolgung wieder eintreten, wenn der Beschuldigte innerhalb der bestimmten Frist sich eines neuen vorsätzlichen Verbrechens oder einer Übertretung schuldig macht.“

[§ 88 spricht von „strafbaren Handlungen“.]

§ 89. Der Reichsadvokat hat selbst die Frage der Anklageerhebung zu entscheiden, wo es sich

1. um Verbrechen handelt, für die lebenslängliches Gefängnis zulässig;
2. um Verbrechen gegen die Kapitel 8, 9 oder 10 oder die §§ 135, 137, 142, 144, 163–165 des Strafgesetzes sowie Prefsverbrechen handelt.

[§ 90 zweiter Satz schaltet ein — „soweit nichts andres bestimmt ist.“]

§ 93. Private Verfolgung von strafbaren Handlungen, bei denen öffentliche Anklage durch das Begehren des Verletzten bedingt ist, kann allein nach den Regeln des § 94 erfolgen.

Sachen, die öffentlich nur verfolgt werden, soweit die Anklagebehörde dazu besondern Anlafs findet, sind, solange Anklage nicht beschlossen ist, in jeder Beziehung als Sachen zu betrachten und zu behandeln, die ausschliefslich privater Verfolgung unterstehen.

§ 94. Weigerte sich die Staatsanwaltschaft ganz oder bedingt, Anklage zu erheben oder liefs sie eine erhobene Anklage fallen, ohne dafs sich dies auf § 85 No. 2 stützt, oder hat sie ein Urteil angenommen, durch dafs der Angeklagte ganz oder teilweise freigesprochen oder wegen minderen Verbrechens oder Übertretung als beantragt verurteilt wurde, so kann der Verletzte die Sache verfolgen, falls er nicht erklärt hat, er begehre keine Anklageerhebung (§ 279). Ist er tot, so können sein Ehegatte, Verwandte in auf- und absteigender Linie, Geschwister wie Erben an seine Stelle treten. Solchenfalls kommt § 93 Abs. 2 zur Anwendung.

§ 95. Befafst eine Handlung Verbrechen oder Übertretungen, die teils öffentlicher, teils privater Anklage unterliegen, so kann die Staatsanwaltschaft sämtliche unter eins verfolgen, wenn der Verletzte dies beantragt.

In Beleidigungssachen kann der Verletzte sich der öffentlichen Verfolgung anschliefsen, wobei ihm die Parteirechte der § 435 Abs. 2 und § 436 zukommen. Dieser Anschlufs des Verletzten an die öffentliche Verfolgung hat keinen Einflufs auf die Zulässigkeit, ihn als Zeugen zu benützen.

[§ 96 Abs. sagt in der Mitte „dafs die Handlung nur privater Verfolgung untersteht".]

[§ 100 lautet nach Gesetz vom 4. April 1891:

In allen Sachen, in denen nicht besonders anders bestimmt ist (§§ 373, 377, 389, 404, 430 und 432) mufs der Angeklagte einen Verteidiger haben

1. bei der Hauptverhandlung, Zeugenvernehmungen und Erhebungen gemäfs §§ 296 und 297;
2. bei Zeugenvernehmungen oder Erhebungen, wo anzunehmen ist, dafs der Akt als Beweis in der Hauptverhandlung benutzt werden wird;
3. bei Terminen, welche abgehalten werden, ohne dafs der Angeklagte geladen ist oder, sofern er verhaftet, ohne dafs er erschienen ist;
4. bei Terminen, von denen der Angeklagte nach § 278 Abs. 3 ausgeschlossen worden ist.]

[§ 109 No. 1 spricht von „strafbarer Handlung"; No. 2 von „Stiefmutter, Stieftochter".]

[Nach Gesetz vom 14. Juli 1894 lautet

§ 113. Gerichtssitzungen sind öffentlich, soweit nicht dieses Gesetz gegenteiliges bestimmt. Doch kann das Gericht Abhaltung der Sitzung ganz oder zum Teil bei geschlossenen Türen beschliefsen, wenn die öffentliche Verhandlung die gute Sitte gefährden könnte oder die Rücksicht auf die Beziehungen des Staates zu auswärtigen Mächten Geheimhaltung fordert.

§ 114 schaltet ein „wo besondre Gründe dafür vorliegen".]

§ 115. Öffentliche Wiedergabe von gerichtlichen Verhandlungen aufser der Hauptverhandlung ist untersagt, wenn nicht das Gericht aus besondern Gründen durch Beschlufs seine Zustimmung dazu gegeben hat. Übertretung wird mit Geldstrafe bestraft.

Wo Grund zur Annahme vorliegt, es könne die öffentliche Wiedergabe von Verhandlungen in der Hauptverhandlung schädlichen Einflufs auf Aufklärung oder Beurteilung der Sache haben, kann das Gericht beschliefsen, es dürfe eine solche Wiedergabe der Verhandlungen oder gewisser Teile derselben vor Fällung des Urteils nicht stattfinden. Der Beschlufs wird zurückgenommen, sobald die Gründe dafür nicht mehr vorzuliegen scheinen. Übertretung wird mit Geldstrafe bestraft.

Erachtet das Gericht bei Abhaltung der Gerichtssitzung vor geschlossenen Türen, dafs das Verhandelte aus irgend einem Grunde überhaupt soll geheim gehalten werden, so auferlegt es allen Beteiligten Schweigen darüber. Hiervon wird im Gerichtsprotokoll Vormerk genommen. Privatverteidiger gelten rücksichtlich Strafbarkeit Beamten gleich.

§ 117. Besteht das Gericht aus einem Einzelrichter, so sind zwei Gerichtszeugen gemäfs geltenden Bestimmungen zuzuziehen. Als solche Gerichtszeugen werden bei Verbrechen oder Übertretungen der Kapitel 30 und 42 des Strafgesetzes oder andrer Übertretung der Dienstpflichten eines Seemanns nötigenfalls des Seewesens und der Schiffsangelegenheiten kundige Männer verwendet.

[§ 120 Abs. 1 sagt nur „Geldstrafe“; in Abs. 2 wird noch § 13 citiert.]

[§ 126 neuer Abs. 2 und 3 lauten nach Gesetz vom 4. April 1891:

Doch kann das Schöffengericht, wo es dies zur Vermeidung von Zeugenvernehmungen bei weiterer Verhandlung zweckmäfsig erachtet, anordnen, dafs die Erklärungen unterzeichnet und zur Gutheifsung vorgelesen werden sollen gemäfs § 125.

Erklärt eine Person bei ihrer Vernehmung, dafs sie zur Sache nichts zu erklären habe, so ist davon stets Vermerk zu nehmen.]

§ 133 Abs. 1 spricht von „strafbaren Handlungen“ und fügt hinzu:

„Steht die Anklage verschiedenen Personen zu, so können die Sachen verbunden werden, wenn sie darüber übereinkommen.“

[Ebenso sprechen §§ 134, 135, 138 von „strafbaren Handlungen“.]

§ 146. Wo das Gesetz vorschreibt, dafs etwas zugestellt werden soll, erfolgt die Zustellung durch einen Zustellungszeugen oder einen der Polizeibediensteten. Doch sollen Strafbefehle und Urteile stets durch einen Zustellungszeugen oder Polizeibediensteten unter Zuziehung eines Zeugen zugestellt werden.

[§ 150 Zusatz nach Gesetz vom 4. April 1891:

Doch ist eine solche Bescheinigung nicht nötig, wenn derjenige, an den die Zustellung in eigenem Namen erfolgt, gesetzlich die Zustellung mittelst Unterschrift und Datumbeifügung auf dem Akte annimmt, in welchem Falle es genügt, wenn der Zustellungszeuge oder Polizeibedienstete ihn zu öffentlicher Bekundung unterzeichnet.]

[§ 151 spricht nur von „Geldstrafe".] Ebenso die §§ 175, 189, 198.

§ 158 schiebt als Abs. 1 ein:

„Bei Berechnung von Fristen wird der Tag nicht eingerechnet, wo das Ereignis eintritt, von dem an die Frist zu laufen beginnt."

[§ 161 Abs. 2 (Gesetz v. 4. April 1891):

„Bei den Gerichtssitzungen anläfslich der grofsen Seewasserfischereien sind der Angeklagte wie die sonstigen Personen verpflichtet, am Tage der Ladung selbst zu erscheinen."]

§ 171 beginnt mit den Worten:

„Zur Hauptverhandlung vor Schwurgericht und in Sachen betr. Verbrechen vor Schöffengericht..."

§ 176 endet mit dem Satze: „Pflegeeltern und -Kinder des Angeklagten können vom Gericht von Zeugnisablegung befreit werden."

[§ 188 nach den beiden Gesetzen vom 10. Mai 1893:

Personen, welche einem Glaubensbekenntnis angehören, das den Eid nicht zuläfst, müssen unter gleicher Verantwortlichkeit wie wenn Eid geleistet wäre, auf ihre Ehre und ihr Gewissen versichern, die Wahrheit gesagt und nichts verschwiegen zu haben. Gleiches gilt überall, wo jemand sich der Eidesleistung weigert, weil seine religiöse Überzeugung dem widerstrebe oder weil er nicht an einen allmächtigen und allwissenden Gott glaube."]

[§ 199 nach Gesetz vom 13. Juni 1894: „Den ernannten Sachverständigen steht eine Entschädigung zu, die, wenn nicht gesetzlich bestimmt, nach § 81 festzusetzen ist. Auch nicht ernannten Sachverständigen kann je nach Umständen eine solche Entschädigung zugesprochen werden."]

[§ 217 spricht von „strafbarer Handlung", die eine strengere Strafe als Gefängnis von 6 Monaten nach sich ziehen kann.]

§ 220 Abs. 1: „Gegenstände, die durch die strafbare Handlung dem Verletzten entzogen sind, sollen ihm, wenn die Sache durch Enderkenntnis erledigt ist, zurückgegeben werden. Sind sie bei jemandem beschlagnahmt, der weder an der Handlung mitschuldig noch der Hehlerei oder nachfolgender Beistandsleistung zu ihr schuldig ist und der auf sie Ansprüche erhebt, so können sie doch bis zur Entscheidung der Frage durch Urteil zurückbehalten werden; früher kann eine Rückgabe bei mangelnder Einwilligung nach Beschlufs gegen oder ohne Sicherheitsleistung erfolgen."

[§ 223 Abs. 2 sagt am Schlufs „Gefängnis über 6 Monate".] Ebenso die §§ 228, 250.

[§ 229 sagt zu Anfang „Schwere der Strafe"...]

§§ 242 und 243 fallen fort.

[§ 254 Abs. 2 ff. lauten nach Gesetz vom 4. April 1891:

Ist Grund zur Befürchtung vorhanden, es werde der Angeklagte zur Hauptverhandlung nicht erscheinen, so kann das Gericht oder bei Gefahr im Verzuge die Staatsanwaltschaft, ohne dies abzuwarten, die im Abs. 1 erwähnte Verfügung treffen.

Leistet der Vorzuführende in einer der Formen des § 245 Sicherheit für sein persönliches Erscheinen, so kann die Vorführung unterbleiben.

Erklärt ein Angeschuldigter, dafs er keine Mittel zur Bestreitung der Reisekosten habe und ist solches in der Tat anzunehmen, aber dabei seine Kontumazierung zu befürchten, so kann das Gericht oder die Staatsanwaltschaft ihm aus der Staatskasse die Reisekosten zahlen lassen.

Den Umständen nach kann auch die Zahlung der Rückreisekosten an den Wohnort daraus gezahlt werden.

§ 265 Abs. 2 streicht die Worte „in Rücksicht auf Kapitel 27 § 3 des Strafgesetzes".

[§ 266 neuer Abs. 2 nach Gesetz vom 4. April 1891:

Die vom König für die grofsen Seewasserfischereien eingesetzte Aufsichtsbehörde soll immerhin Ladungsgewalt besitzen und wenn nötig die Befugnis haben, Personen zur Verhandlung sich vorführen zu lassen, deren Erklärung wegen irgend einer Gesetzübertretung nötig ist.]

§ 285 sagt zu Anfang: „Wird erachtet, dafs Anklage zu erheben sei, die Sache aber zur Zeit nicht fortgesetzt werden könne, weil entweder der Angeklagte geisteskrank oder sein Aufenthalt unbekannt ist."

§ 287. In Übertretungsfällen soll die Staatsanwaltschaft, ehe sie Anklageerhebung beschliefst, in der Regel einen Strafbefehl erlassen, wenn sie findet, dafs allein Geldstrafe oder daneben Einziehung anzuwenden sei. Gleiches kann unter gleicher Bedingung in Verbrechensfällen geschehen, für die keine höhere Strafe als Gefängnis von 6 Monaten oder Amtsverlust zulässig ist.

§ 288. Der Strafbefehl soll den Anforderungen des § 286 Abs. 2 entsprechen und ferner enthalten:

1. Angabe der Geldstrafe, die gefordert wird und, sofern es sich um Einziehung von Geld oder Gut handelt, dessen, was eingezogen werden soll. Ist durch die strafbare Handlung Schaden angerichtet, dessen Ersatz gefordert wird oder hat die Untersuchung desselben Ausgaben veranlafst, die nach den Regeln in Kapitel 33 dem Verurteilten zur Last fallen, so kann der Strafbefehl zugleich Ersatz an den Verletzten und Kostentragung dem Staate gegenüber umfassen;
2. (wie früher).

Strafbefehle, die im Beisein des Beschuldigten ausgefertigt werden, brauchen nicht zugestellt werden, wenn hierüber eine vom Beschuldigten oder einem zugezogenen Zeugen unterschriebene Aufzeichnung erfolgt. Die Vorschrift des § 155 Abs. 2 findet diesfalls entsprechende Anwendung.

Im übrigen finden die über den Urteilsinhalt gegebenen Vorschriften auf den Strafbefehl entsprechende Anwendung.

[§ 293 Abs. 1 mit dem Zusatz: „Abschrift hiervon wird dem Vorsitzenden übersendet".

§ 299 schiebt am Schlusse ein „und der Vorsitzende".

§ 303 streicht „nicht bestellten".]

§ 310 beginnt mit den Worten: „Handelt es sich um eine strafbare Handlung, die keine strengere Strafe als Gefängnis bis zu 1 Jahr nach sich ziehen kann . . ."

§ 317. Der Lagmann giebt darauf zuerst dem Angeklagten und danach zunächst der Staatsanwaltschaft, in Beleidigungsfällen dem Verletzten, der sich der Verfolgung angeschlossen hat, Gelegenheit zu Ausübung ihres Ablehnungsrechtes nach § 318. Wird dieses voll ausgenutzt, so besteht das Schwurgericht aus den nicht abgelehnten Geschworenen.

Im entgegengesetzten Fall werden durch Losziehung zehn oder betreffendenfalls elf (mit Abzug der nach § 55 letzter Absatz ausgelosten und nicht abgelehnten Geschworenen) der nicht abgelehnten zum Schwurgericht für die Sache ausgelost. Die Losziehung erfolgt gemäſs § 57.

§ 318 erwähnt Abs. 2 des zur Ablehnung berechtigten Beleidigten in Beleidigungsfällen. Abs. 3 mit dem Schluſssatz: „Treten in Beleidigungsfällen mehrere Verletzte auf, so gilt für ihr Ablehnungsrecht die gleiche Regel.

[§ 327 lautet nach Gesetz v. 10. Mai 1893:

> Der Vorsitzende redet sodann die Geschworenen folgendermaſsen an: „Schwört Ihr, gute Obacht auf alles das geben zu wollen was vor Gericht verhandelt wird, und die Euch vorzulegenden Fragen zu beantworten, wie Ihr es am wahrsten und richtigsten nach Gesetz und Beweisführung in der Sache erachtet?" Darauf sollen die Geschworenen stehend und mit erhobener Rechten einzeln antworten: „Ja, ich schwöre es, so wahr mir der allmächtige und allwissende Gott helfe". Geschworene, die Eidschwur verweigern, weil ihr religiöses Bekenntnis oder ihre religiöse Überzeugung Eid nicht zuläſst oder weil sie nicht an einen allmächtigen und allwissenden Gott glauben, geben eine Versicherung ab auf ihre Ehre und ihr Gewissen.
>
> Geschworene, die in derselben Sache schon Eid geleistet oder eine feierliche Versicherung abgegeben haben, brauchen dies nicht zu wiederholen." — Danach ist auch § 372 geändert.]

[§ 341 sagt nach Gesetz vom 4. April 1891: „so hat die Staatsanwaltschaft einen Entwurf der den Geschworenen zu stellenden Fragen vorzulegen . . . verfaſst der Lagmann die Fragen und teilt sie den Parteien mit. Erhebt eine der Parteien . . .]

§ 343 Abs. 2 spricht von „strafbarem Verhalten".

§ 345. Soll das Geschworenengericht entscheiden, wieweit im Gesetze besonders hervorgehobene Umstände vorliegen, die das Verhalten unter eine strengere oder mildere Strafbestimmung brächten, so kann hierüber eine Zusatzfrage gestellt werden, die nur zu beantworten ist, falls die Frage, an die sie sich anschliefst, bejaht wird. Gleiches gilt für die Frage nach § 65 des Strafgesetzes.

§ 346 neuen Absatz 2 eingeschoben:

> Gleiches gilt für die Frage nach Vorliegen der besonderen Umstände, die nach Strafgesetz § 30,4 Aberkennung gewisser Rechte bedingen.

wobei der frühere Schlufssatz jetzt als Abs. 3 figuriert.

[§ 351 Abs. 2 sagt jetzt „bei jeder Zusatzfrage".]

§ 359 schiebt „oder Übertretung" ein. Ebenso § 431.

[§ 364 sagt nach Gesetz vom 4. April 1891:

> Wenn der Angeklagte anwesend und zu Berufung befugt ist, ist ihm bekannt zu machen, in welcher Frist und wie er seine Berufungserklärung einzureichen habe. — Ebenso

§ 369 Zusatz: „Der Hilfsschöffe wird unter den dem Gerichtssitz zunächst wohnenden Schöffen ausgelost".]

§ 370 sagt: „sowie in Sachen, welche Verbrechen oder Übertretungen der Kapitel 30 und 42 des Strafgesetzes oder eine andere Übertretung der Dienstpflichten eines Seemanns betreffen"
und setzt als Abs. 3 hinzu:

> „Rücksichtlich der Auswahl von Geschworenen zu Sitzungen in Sachen der grofsen Seewasserfischereien sind die vom Könige erlassenen Vorschriften zu befolgen."

§ 374 Abs. 1 schliefst: „auf die Höhe der zulässigen Strafe."

§ 377. In Übertretungssachen sowie überhaupt Sachen, bei denen ein Strafbefehl ausgefertigt ist, ist ein Verteidiger nicht notwendig.

Doch ist ein solcher bei Nichtausstellung eines Strafbefehls bei Übertretungen des Kapitels 33 des Strafgesetzes zu bestellen.

Bei den in § 18 erwähnten Gerichtshöfen kann die Staatsanwaltschaft unvertreten bleiben bei Behandlung der im Abs. 1 genannten Sachen und soll solchenfalls das Gericht beachten, was zur Vorbereitung der Sachen erforderlich ist.

Ausbleiben des Angeklagten ohne Angabe der Hinderung oder Verweigerung der Erklärung kann bei den in Abs. 1 genannten Sachen als Geständnis angesehen werden, wenn nichts vorliegt, was dagegen spricht. Erklärt sich der Angeklagte bereit, sich einer vom Gericht als genügend erachteten Vermögensstrafe zu unterwerfen und liegt kein Grund vor, seine Schuld zu bezweifeln, kann die Sache ohne weitere Verhandlung, nachdem der Staatsanwaltschaft bezw. der Verteidigung Gelegenheit geboten war, sich über das Anerbieten zu äufsern, mit gleicher Wirkung wie der eines Urteils durch Festsetzung der Höhe der Vermögensstrafe erledigt werden.

Wo es sich um Einziehung handelt, kommen die Vorschriften wie bei Übertretungen in Anwendung.

§ 380 beginnt den Worten: „Berufung kann in Schwurgerichtssachen nicht darauf gegründet werden, dafs eine zu der Schuldfrage gehörige Beweisfrage oder die Frage des § 65 des Strafgesetzes unrichtig entschieden sei."

§ 381 beginnt mit den Worten: „Ohne dafs eine Verlängerung der Berufungsfrist (§ 383) nötig wäre . . ."

[§ 387 Abs. 2 lautet jetzt nach Gesetz vom 4. April 1891:

„Der Ausschufs entscheidet, ob die Berufung rechtzeitig und auch in anderer Hinsicht gesetzlich eingelegt ist.

Wenn er sie annimmt und einstimmig erachtet, dafs nach den über die Entscheidung der Berufungssachen im Höchstgericht, in den Sachen der Schöffen- und Verhörsgerichte geltenden Normen der Verurteilte freizusprechen oder ein Urteil zu vernichten oder auf Berufung zu Gunsten des Verurteilten abzuändern sei, kann er ohne weiteres demgemäfs entscheiden. Sonst hat er möglichst bald zu erklären, ob die Berufung als offenbar unbegründet zu verwerfen oder dem Höchstgericht einzusenden sei. Im letzten Fall sendet der Justitiarius die Sache an die Staatsanwaltschaft oder an den Verteidiger, jenachdem jene oder dieser das erste Wort haben soll, mit der Auflage, diese binnen einer bestimmten Frist der Gegenpartei zuzustellen."]

[§ 389 neuer Absatz 2 nach Gesetz vom 4. April 1891: „Wenn die Staatsanwaltschaft Berufung zu Gunsten des Verurteilten einlegt, ist ein Verteidiger nicht notwendig. Bei Berufung seitens des Verurteilten kann sie, falls sie sich ihr anschliefst, von der Mitwirkung entbunden werden."]

§ 395. Wird die erfolgte Strafgesetzanwendung aufrecht erhalten, so soll das Gericht in Schwur- wie Schöffengerichtssachen die Strafausmessung nicht abändern, falls es nicht findet, dafs die über Straffestsetzung gegebenen Regeln des Gesetzes fehlerhaft angewandt wurden oder ein offenbares Mifsverhältnis zwischen der strafbaren Handlung und der Strafe obwaltet. Doch kann es dadurch ungebunden bestimmen, dafs die Zusatzstrafen der §§ 29, 33 und 34 des Strafgesetzes nicht zur Anwendung kommen.

§ 400 Abs. 2 lautet jetzt:

„Übertretungssachen können nicht zu erneuter Verhandlung gebracht werden, sofern nicht eine unbedingte Freiheitsstrafe oder Amtsverlust verhängt ist oder der Beschwerdeausschufs des Höchstgerichts dies begründet erachtet."

§ 401 neuer Abs. 3:

„In Sachen wegen der in § 65 des Strafgesetzes behandelten Verbrechen kann der Antrag darauf gestützt werden dafs die Regel des genannten Paragraphen, wie man annimmt, zur Anwendung gebracht werden sollte."

§ 404 Abs. 2 lautet jetzt:

„Ausgenommen die Hauptverhandlung ist in Sachen, wo ein Strafbefehl ausgefertigt wurde und überhaupt in Übertretungssachen die Verteidigung des Angeklagten unnötig; doch ist solche in Sachen betreffend Übertretungen des Kapitel 33 des Strafgesetzes zu bestellen, wenn ein Strafbefehl nicht ausgefertigt ist."

[§ 408 neuer Abs. 3 (nach Gesetz vom 4. April 1891): „Für die Beschwerde der Staatsanwaltschaft bezüglich gewährter Entschädigungen beträgt die Frist ein Jahr."]

§ 412 Abs. 2 lautet jetzt:

„Wird eine Beschwerde als offenbar grundlos erfunden, so kann der Ausschufs nach Umständen dem Beschwerdeführer eine Geldstrafe auflegen, sowie daneben, falls die Beschwerde gesetzlich aufschiebende Wirkung hat, ihn zu vollem oder teilweisem Ersatz der durch nutzlose Bemühung des Gerichtes entstandenen Kosten anhalten."

§ 413 sagt zu Anfang: „Eine durch rechtskräftiges Urteil entschiedene Sache".

§ 414 No. 2 am Schlufs: „einer mildern Strafbestimmung und mildern Strafe".

§ 415 letzter Absatz:

„Ist die strafbare Handlung, deren Begehung behauptet wird, nicht mit strengerer Strafe als mit Gefängnis von 3 Jahren bedroht, so kann doch Wiederaufnahme nur dann stattfinden, wo Grund zur Annahme vorliegt, es habe sich der Angeklagte eines strafbaren Verhaltens schuldig gemacht."

§ 416 Abs. mit Zusatz „ausgenommen die Fälle in § 417 Abs. 2 u. 3."

§ 423 neuer Abs. 2:

„In Prefsbeleidigungssachen kann das Gericht auf Ansuchen eines unvermöglichen Klägers, wo dies zufolge der besonderen Beschaffenheit des Falles wünschbar erscheint, zur Führung des Prozesses eine Person ernennen, welche die für einen Anwalt nötigen Eigenschaften besitzt. Auf diese finden die gleichen Regeln Anwendung, wie auf den nach § 77 ernannten."

[§ 430 Abs. 2 beginnt nach Gesetz vom 4. April 1891 mit den Worten: „In diesen Sachen kommen die Bestimmungen in § 377 zur Anwendung. Der Richter hat „im allgemeinen" nicht die Verpflichtung . . .

Dann als Absatz 3 eingeschoben:

„In den von der früheren Gesetzgebung als Polizeisachen behandelten Fällen hat der Richter, soweit dies nötig ist, die Parteien für Einleitung und Vorbereitung der Sache zu unterstützen und von Amts wegen für genügende

Aufklärung derselben zu sorgen. Es kann ferner, wie dies für Zeugen vorgeschrieben ist, den Parteien unter den gleichen Bedingungen persönliches Erscheinen auferlegen und sie verantwortlich machen."

§ 435 Schlufssatz: „ausgenommen Beleidigungssachen".

§ 443 zu Anfang eingeschoben: „— aufser in den Fällen der §§ 19—23 und § 25 des Gesetzes über Inkrafttreten des allgemeinen Strafgesetzes —".

Neuer Absatz 3:

„Soll in einer Schöffengerichtssache eine Beschuldigung nach § 253 des Strafgesetzes als tot und machtlos erklärt werden, ist, sofern nicht das Schwurgericht den Angeklagten schuldig erklärt hat, das Schöffengericht zu befragen, ob der Angeklagte für die Beschuldigung verantwortlich sei, ob sie die in § 247 Abs. 1 des Strafgesetzes beschriebenen Merkmale trage und ob für deren Wahrheit der Beweis geführt sei.

Zur Bejahung dieser Fragen wird mehr als die Hälfte der Stimmen verlangt."

§ 451 neuer Abs. 4:

„Auf Kosten, welche dem Staate durch eine Bestellung gemäfs § 423 letzter Absatz entstehen, kommen das Gesetz über Bezahlung öffentlicher Verrichtungen vom 6. August 1897 § 24 zur Anwendung."

[§ 474 läfst ausfallen: „oder Züchtigung".]

§ 475 Abs. 1 zum Schlufs: „einem halben Tag Gefängnis"; Abs. 2 zitiert § 28 des Strafgesetzes.

§ 477 fällt fort.

§ 478. Ist jemand durch verschiedene Urteile zu Strafe verurteilt ohne Berücksichtigung der Regeln des § 64 (vgl. §§ 62 und 63) des Strafgesetzes, so soll die Staatsanwaltschaft sämtliche Urteile vor Gericht bringen zur Festsetzung einer Gesamtstrafe.

Sind die Urteile von verschiedenen Gerichten erlassen, so geschieht dies vor dem Gerichtshof, der die höchste Strafe verhängte oder, bei Gerichtshöfen verschiedenen Ranges, vor dem im Range höchsten.

Die Entscheidung, die ohne neue Hauptverhandlung erfolgen kann, kann durch Beschwerde spätestens binnen 14 Tagen nach Zustellung des Urteils angegriffen werden.

§ 480 spricht von „Gefängnis über 6 Monate".

§ 494 spricht von „Personen" (statt früher „Männer").

Dieses Gesetz tritt gleichzeitig mit dem allgemeinen Strafgesetz in Kraft.

Druck von LEONHARD SIMION Nf. in Berlin SW. 48.

FSC
www.fsc.org
MIX
Papier | Fördert gute Waldnutzung
FSC® C083411

Kolibri 360 GmbH
Ferdinand-Jühlke-Straße 7
99095 Erfurt, Deutschland
produktsicherheit@kolibri360.de